在我遇到老公之前。

僕が夫に出会うまで。

游韻馨——譯

七崎良輔

日本LGBT人權推動者
文藝春秋超人氣專欄作家

台灣版獨家作者序

台灣的讀者，你們好，我是七崎良輔，這是我第一次在台灣與大家見面。

這次有機會在台灣出版我的手記《在我遇到老公之前》，真的很開心。我想在這裡謝謝購買本書的讀者，以及為了台灣版盡心盡力的各界人士，衷心感謝大家。

我在日本最北邊的北海道出生長大。每天在無垠的天空和廣闊的大地中成長，我一直以為這個世界上只有我一個人喜歡同性。

我不敢對任何人表明，因為我認為這是不對的。我每天都告訴自己，有一天我一定會愛上女人，好好地結婚，過著「正常」的生活。無奈的是，我每次都愛上男人，也談過無數次沒有結局的痛苦戀情。

每當我遇到過不去的難關，我總是默默想著：「只要挺過這一關，有一天我一定要寫自傳！」我知道無論遇到多艱困的難關，事過境遷後，我一定可以一邊喝酒一邊將自己的痛苦拿來當成聊天的話題。正因為有這樣的想法，我才能順利走過來。我將自己經歷過的無數痛苦，毫無保留地記錄在這本書裡。

這本手記原先是網路上的連載文章，沒想到網友看過之後反應相當熱烈，於是很快便決定彙整成書。身為作者，我很驚訝自己的網頁竟然已經超過四千萬點閱率了。

在日本出書後，我收到許多讀者的來信。不少苦惱於自己性傾向的讀者，寫信告訴我他獲得了活下去的勇氣。我真的很高興自己的人生經驗能幫助到年輕人，讓他們感受到活下去的力量。

此外，我很坦然地在書中寫下自己的真實經歷，許多人也會擔心我寫得這麼直白，會不會影響我的生活？別擔心，我沒事。因為我可是抱持著「我要寫自傳」的決心度過各種難關，所以早就決定好絕對不寫場面話，或用謊言搪塞過去。

不過，我還是說了一個謊。真的很抱歉，我必須向各位台灣讀者坦白我撒了一個謊，那就是《在我遇到老公之前》這本書的書名。

這本書是從二〇一五年，我和另一半去區公所遞交結婚申請書揭開序幕。那份申請書最後被貼上寫著「不符合現行法律」的紙條，區公所無法受理我們的申請，於是將申請書退回給我們。

簡單來說，《在我遇到老公之前》的「老公」，其實不具有法律效力。我們在日本的法律制度中，只是兩個毫無關係的「陌生人」。

二〇一九年五月，我和「實質上的老公」同居已邁入第四年。

「台灣！亞洲首個同性婚姻合法化的國家！」

同性婚姻在台灣合法化的創舉，也在日本掀起熱烈話題。許多新聞節目和報紙以「亞洲第一」為標題大肆宣揚台灣，讓我突然有種「被台灣超越」的焦躁感。不過，下一秒我便感受到無限的喜悅，心中充滿開心的情緒。對住在日本的我們來說，台灣同性婚姻合法化，給了我們很大的希望。

在台灣傳來同婚好消息的三個月後，我滿懷希望，在與伴侶同居的東京都江戶川區舉辦演講活動。

我們邀請了熟悉台灣法律的專家，了解台灣的歷史、宗教，學習台灣和日本法律制度的差異，更回顧了台灣同性婚姻合法化一路走來的歷程。雖然有許多政治人物也參與了這場活動，可惜至今仍無法改變日本現狀。

為了讓另一半成為我名符其實的「老公」，我還要向台灣學習更多事情，這是我寄予《在我遇到老公之前》這本書名的心願。衷心希望各位能給我力量，幫助我完成心願。

台北的同志大遊行活動在日本也很有名，每到活動期間，新宿二丁目同志村的商店就會販售許多來自台灣的伴手禮。我雖然沒去過台灣，但參加同志大遊行的朋友們，都會帶鳳梨酥給我吃。我就這樣一面吃著鳳梨酥，一面聽他們聊起伴手禮的故事。

其實我這十年都沒出過國，因為我找不到我的護照。以前只要分手我就會搬家，可能是在某次搬家的時候，不小心把護照丟了（我真的很粗心……）。

話說回來，趁著這次在台灣出書的機會，我辦了新的護照，希望做好萬全準備，隨時可以到台灣與各位見面。

我設立了一個新目標，接下來我要在台灣結交許多朋友！

儘管從未去過台灣，但我的心早已飛到台灣去了。

希望各位喜歡這本《在我遇到老公之前》。

七崎良輔

推薦序

「我以為世界上只有我這樣」的想法，幾乎是每個同志必經的階段，我也曾經有這樣的想法。

我跟七崎的年齡相若，在同一個時空背景下，整個故事內容就像自己的生命軌跡重新走了一輪。回想小時候，我也曾想過「再這樣下去就不妙了」的想法；我還想過，活到十六歲就好了，再長大的人生就會很絕望，沒有婚姻、沒有小孩，一定會孤獨終老。而我去算命也一樣，說我只會孤獨終老（七崎書裡也有類似的一段）。但我現在是十六歲的兩倍，我的人生沒有絕望，也在為自己愛的人、事、物努力著，我的將來還是充滿希望跟不同可能，我還是期待著看到我先生的每一天，我們每天也一起為不同的目標奮鬥著。看到七崎的故事，我感受到滿滿的力氣，知道世界上的另一個角落，有人跟我們一樣努力著。

書中赤裸真誠的告白，讓我們理解為什麼同志（我們這一代的同志）曾經有著很多悲劇與壓抑。那些遺世獨孤的感覺、跟親人出櫃時總是被問到跟ＨＩＶ有關的擔憂、一幕幕「異男忘」的往事、走進關係當中互相取暖、黑暗與難過的心碎，這些我原本以為是「我獨有的生命軌跡」，但看到七崎的剖白，我才知道也有人跟我一樣面臨過十分類似的往事，也讓我明白到這些對自身的反省與自癒，成為了我們希望為社會跟自己相似的生命爭取權益的契機。那份內心的轉換，由一開始自己的絕望與孤獨，到自己走出來希望為其他人帶來勇氣——我們選擇倡議的路，為更多人帶來勇氣。

成長的美麗往往來自愛情，但每個同志對愛情都曾經矛盾，那份渴望與恐懼的拉扯，在七崎的描述中表露無遺。由對愛情的渴望、性的探索，慢慢理解到自己也有走進婚姻的可能，轉化成對婚姻的追求。我跟七崎一樣為了婚姻義無反顧地爭取著，看到他的故事，讓我重新回憶推動跨國同婚與開店創業的原因。因為對婚姻的追求，我們都走上了一樣的路，我們都為了「愛」，純粹而努力地以自身的生命與故事帶來社會改變的可能，因為我們都相信人生而平等。而你也會看到，其實七崎也面臨過不同的糾結與矛盾，我們的內心都一樣不是毫無罣礙。由懷疑，隱藏，到站出來走上街頭，當中內心一步步地克服。當我們走進七崎的文字裡，我們可以理解到當中的轉變是如何的勇敢。

由愛情走到家人，同志總是要面對不同的門檻，而這些門檻似乎比異性戀高出許多。七崎也一樣，看到他在家人中出櫃的磨合，花了很多年的時候，我回想我跟我先生的關係在他家人的呈現，也是花了很多年的時間，才換來大家坦然的結果。我理解我們同志為何對家庭恐懼，而走進婚姻之前為何又需要修復這一切，因為我們希望成「家」，而這個「家」的模樣，總是來自於原生家庭的美好部分。七崎的一字一句，讓每個生命不管是同志與否，都可以理解到與父母的拉扯與磨合，在生命中可能呈現的樣子。我們知道，善良的自己總會有天會被父母接受，終可放下對家庭的恐懼更快樂地活著。

我曾經想過，當跨國同婚通過之後，我也要把我的生命故事寫成書，讓每個人都可以走進我的生命當中，為每個不安的靈魂都可以帶來一點點的勇氣，而七崎做到了。全書以一個個故事串連他的婚前生活，個人成長、情慾探索、愛情經歷、家人關係、社會倡議，用一個人的故事描述了眾多內容，而且一點都不艱澀地讓每個人都可以走進七崎的生命，站在他的第一角度去理解一個男同志的生命故事。對婚姻的執著與堅持，成就了日本的「同性伴侶證明制度」，而對公平的執著，使他走上街頭。在文字當中你可以理解到七崎是個有血有肉的人，他小時候的不安、成長的動盪、對價值觀的堅持，那些跟你與我都一樣，而我們都撐過了，也成為了可能更快樂的自己。

希望這本書可以成為你愛自己的地圖，讓你找到更幸福的自我位置。

部長與部長的部屋　阿古與信奇

第十一屆高雄同志大遊行總召集人、跨國同婚平權聯盟同共召集人

目錄

攝影　作者照：古川亮介
婚禮照：前田賢吾「L-CLIP攝影公司」
夫夫近照：佐川大輔
引用歌曲　《世界上唯一的花》
作詞．作曲：槇原敬之
《麵包超人進行曲》
作詞：柳瀨嵩
作曲：三木剛

序言

二〇一五年九月三十日，我和亮介從情侶變成了家人。從這一天起，我們稱彼此的關係為「夫夫」。

這一天是我和亮介交往一週年的日子，此時我們已認識超過三年了。我們在這天向江戶川區公所提出結婚申請，當時我二十七歲，亮介三十一歲。

結婚前一晚我睡不著，不知道兩個男的到區公所提出結婚申請，承辦人員會做出什麼反應？說不定他會大罵「不要開這種玩笑」，退回我們的申請。如果這樣，我們一定要告訴他我們是認真的，不過要是只有這樣還算好。要是承辦人員認為我們在搞笑，嘲笑我們，不肯聽我們的心聲……或是當場還有其他異性戀情侶在辦結婚，所有人都在笑我們……如果發生這種情形，我是沒關係，但不曉得亮介能不能忍受？我可以設想別人歧視我們、傷害我們的狀況，畢竟過去我也遭受不少這樣的對待。或許我應該全程錄音，以備不時之需？不，還是找個認識的律師陪同比較好……

這些想像在我腦海裡翻騰，不安的情緒席捲而來，根本睡不著。

亮介就躺在我身邊，雙眼緊閉，看起來好像睡著了，卻沒聽見他平常沉睡時的呼吸聲。我猜亮介應該也跟我一樣忐忑不安吧。我也學他緊閉雙眼，但心裡還是很擔心明天的事情。那天晚上，我始終沒聽到他沉睡的呼吸聲。

第二天，我們兩人都穿上西裝，一起來到區公所戶籍課的窗口前。可能很少有人到區公所遞交結婚申請書時，會穿正式服裝。不過，我們只想以最正式的形式表達我們對提出結婚申請這件事的認真程度，因此就連服裝儀容也不容輕忽。

承辦人員接下我們的結婚申請書後，伸出手指，一行一行地確認內容。我們兩人的眼睛跟著他的手指一行一行地跑。承辦人員的手指在我們倆的名字底下來回畫了幾次，喃喃地說：「亮介……良輔……」接著問，「你們……都是男性嗎？」

「沒錯。」我立刻回答。

昨天晚上我已經設想過各種情境了，無論你們想說什麼，都放馬過來吧！我早就在錄音了。我和亮介的名字讀音一樣，都是「Ryousuke」，說不定承辦人員會以為我們在開玩笑。

承辦人員再度開口：「請問是兩位男性要提出結婚申請嗎？」

我回答：「是的。」

「請兩位稍等一下。」

我看到承辦人員的後方有許多桌子，不少公務員坐在那裡埋首工作。他走向其中一人，把我們的結婚申請書拿給他看，那人又叫了另一人來，接著又找了其他人過來。我們就在承辦窗口前，看著一小群人圍著一張辦公桌。其實我們也很清楚待會他們會說什麼。

承辦人員回到座位上時，後面還跟著幾名職員。

「真的很抱歉，」他一開口就先道歉，「原本結婚申請應該是當場就可以辦好的，但兩位的申請書可以先放在我們這邊，讓我們花點時間處理嗎？很抱歉今天讓兩位白跑一趟。」

原以為今天會被承辦人員刁難，所以昨晚我一夜沒睡，早就想好該怎麼罵回去，沒想到完全派不上用場，我心中的大石也放了下來。

幾天後，我和亮介再次前往區公所，承辦人員一臉歉意地將那天我們遞出的結婚申請書退回給我們，上面還貼了一張紙，寫著「由於本件提出結婚申請的個案當事人為兩名男性，不符合現行法律，恕無法受理」。

承辦人員對我們說：「很抱歉，我們目前還沒辦法受理兩位的結婚申請。」

一聽到「目前還沒辦法」，我的眼淚就忍不住飆出來。這幾個字聽在我耳裡，等於是在告訴我「未來有一天一定可以」，讓我充滿希望。

其實我們早就預料到提出申請會被駁回。

我曾跟別人提過這件事，對方明明不是區公所的職員，卻對我說：「你明知道會被駁回還去申請，也太為難區公所了吧。」或許真的像他所說的，但我只是想結婚，這是每個人都有的權利，我不喜歡因為不被認可就不去做。再說，若未來有一天日本實現了婚姻平權的夢想，希望我的結婚日期能回溯到我提出申請的那一天，這也是我提出結婚申請的原因之一。那天被退回的結婚申請書，我至今仍妥善保存著。

隔年，二〇一六年十月十日，也就是日本的體育節，我和亮介舉辦了婚禮，地點就在東京名門正宗的大寺「築地本願寺」。

婚禮當天天氣晴朗，白色雲朵悠閒地飄浮在蔚藍青空中。我待在新郎新夫的休息室裡，身上穿著和亮介一樣的正統正式和服「羽織袴」。亮介看起來相當緊張，我猜想我的臉上一定也充滿緊張興奮的情緒。

會場上聚集了許多親友，最令我高興的是，我的父母也出席了。我們和彼此的家人親友寒暄，舒緩了內心的緊張情緒。十分感謝親友們的支持，讓我們得以舉行今天的婚禮。婚宴致詞時，我們也藉機表達了對身邊親友的謝意，更感激像我們一樣的同性戀前輩，為了爭取婚姻平權所做的努力。這真是最美好的一天。

我與亮介相遇、相識，成為相知相惜的夫夫，提出婚姻申請、舉辦婚禮也是水到渠成的結果。若說過去的我是否已預見如此幸福的未來，其實並非這麼一回事。不瞞各位，過去有很長一段時間，我一直堅信自己是個不該獲得幸福的人；我認為我一定是前世犯下了滔天大罪，這一世才會變成同性戀。我告訴自己這一世是來贖罪的，必須放棄追求自己的幸福。當然，我並沒有前世的記憶，這一切只是我先入為主的想法罷了。

因此，我要寫下我的故事，寫下我的想法，寫下這一路走來我的感覺。無論是過去羞於啟齒的事情，或是一般人絕對會極力隱瞞的祕密，我都會如實寫出來。我這麼做的原因很簡單：正因為走過這段人生，我才能認識我的另一半。

第1章

這是不正常的喔
再這樣下去就糟糕了

「正常」的男孩子

不管身邊的人怎麼說，我就是個「正常的男孩子」。

我是土生土長的北海道人。小時候住的集合住宅前有一座公園，附近的小孩每天都會到公園玩耍。公園中心有一個可以坐四個人的盪鞦韆，盪到最高處時會發出「喀噠」的聲響，所以孩子們都稱那裡為「喀噠公園」。我玩得最好的是俗稱「踢罐」的踢罐子遊戲，不過我們不踢真的鐵罐，而是以觸碰燈桿並說「踢罐了！」來取代，玩一整天都玩不膩。

一到冬天，公園裡的遊戲器材就會被埋在厚厚的白雪下，孩子們無法出去玩。儘管如此，我們還是會在家門口挖雪玩，或跑到腳踏車的車棚，鑽進堆積在車棚屋簷下的小雪堆。我在北海道出生，大雪堆是當地孩子們的季節限定遊戲器材。我一直堅信我和大家一樣，是個經常在外面玩耍的「正常男孩子」。

不過，若提到運動，那就是另外一回事了。

我的父親和母親都是運動員。爸爸曾加入奧運的企業隊，並在該協會擔任理事。媽媽念書時也是成績相當出色的學生運動員。兩人都很好勝，不服輸，即使現在已經五十多歲了，依舊充滿活力。

在我出生前，他們就希望第一個小孩是男孩，而且一定要讓兒子當運動員。

我上小學之後，爸爸連假日也早起，找我玩傳接球，但我最討厭和爸爸玩傳接球了。每次戴上棒球手套，我的手指就會長肉刺，手還會變得很臭。所以每到假日，我就開始躲爸爸，要是不小心被他抓到，他就會笑瞇瞇地對我說：

「良輔，來玩傳接球嘍！」

如果想辦法推託，媽媽就會略顯落寞地說：「良輔，算媽媽拜託你，你爸從你出生前就很期待跟你玩傳接球。」

媽都這麼說了，我也不好拒絕，只能心不甘情不願地戴上棒球手套。那是爸爸不曉得什麼時候給我買的全新棒球手套。

畢竟我是心不甘情不願地和爸爸玩傳接球，當然不可能練得很好，爸媽也看破這一點，放棄棒球，讓我改練足球、游泳；後來發現這些也不行，於是要我改練少林寺拳法。不管怎麼樣，爸媽就是要我練過一遍所有的運動項目，但我總是讓他們失望。爸媽甚至當著我的面懷疑「我是不是他們的小孩」，讓我感到無地自容。

那個時候我在學校被其他同學戲稱為「人妖」。我自己沒有意識到，但他們認為我的動作很像女孩子。我雖是個男孩，但走路時手臂擺動的方式，以及坐著時雙腿的角度都很像女孩子，同學才會叫我「人妖」。

被稱為「人妖」當然不是件值得開心的事情。我不過是表現出自己自然的模樣，卻只因別人認為我的行為像女孩就被叫作人妖，而我也管不了別人的嘴。不過，我的爸媽、學校老師，以及身邊的大人們對於我被叫「人妖」這件事耿耿於懷，深覺不妥，每次他們聽到別人叫我人妖就覺得心痛，宛如陷入悲慘世界之中。其實我根本不在意別人怎麼叫我，但也愈來愈害怕大人發現同學們又叫我人妖。

我的小學生活就是這樣。就讀二年級時發生了一件事，讓我強烈感受到「我不是一個『正常』的男孩子」。這件事要從放學前的班會上，導師的一句話開始說起。

「七崎同學，可以請你到前面來嗎？」

我們班的導師是一位年紀稍長的女性，她的臉上總是帶著笑容，對班上同學都很和善，但她那天說話時，表情相當嚴肅。老師突然要我過去，我還搞不清楚發生了什麼事，只能按老師說的做，就這樣走到她身邊去，轉身看著全班同學。班上同學也摸不著頭緒，一雙雙眼睛盯著我看。

我想起之前放學前的班會上，也有同學被老師叫到前面去，那位同學即將轉到很遠的學校就讀，所以老師特地在全班同學面前宣布這件事。當時我一直以為我也要轉學了，老師才會叫我過去。沒想到，老師將雙手放在我的肩上，問全班同學：

「各位覺得七崎同學是『人妖』嗎？」

這一刻我突然感覺心跳漏了一拍，腦中一片空白。教室裡鴉雀無聲，同學們沉默地看著我。我低著頭，眼睛直視地面。

老師又問了一次：「各位覺得七崎同學是『人妖』嗎？我覺得七崎同學是個『正常的男孩子』，為什麼大家都叫他『人妖』呢？」

要是我笑著說「老師，我一點也不介意」，說完就走回位子上坐著，或許事情就會這麼結束吧。教室裡依舊一片沉默，我現在要是吸個鼻子，班上同學就會發現我在哭，所以我緊咬牙關，頭壓得更低，眼淚順著我的臉頰，滴落在冰冷的地磚上。我好難過，好悲慘，好羞愧。我認為我給老師和班上同學帶來麻煩，我緊閉雙唇，壓抑的啜泣聲是教室裡唯一的聲音。

老師摸了摸我的背，接著問：「菊地同學，你怎麼想？你認為七崎同學是『人妖』嗎？」

菊地想了一下說：「我覺得七崎不是人妖。」

我心想，不然妳要菊地說什麼？菊地說完後，又有其他同學發言。

「我也覺得七崎同學是個『正常的男孩子』。」

後來班上同學你一言、我一語地議論著，最後大家一致認為我不是「人妖」而是「正常男孩子」，但我不這麼想。若我真的是個正常的男孩子，大家就不需要討論我是不是正常的男孩子了……裝正常的我其實才是最不正常的，我是「人妖」。因此，往後我要提醒自己，行為舉止都得像個「正常男孩子」才行。

最後老師做了個結論。

「從現在開始，各位不能再叫七崎同學『人妖』嘍！」

我無法原諒自己，我是個悲慘的人，我好不甘心，好想就此消失。老師卻像往常一樣笑著對我說：「沒事了，你不用擔心。」

月光仙子與聖誕老人

老師是大騙子，從那天之後，我超有事的。都是老師雞婆，害我發現自己根本不是「正常的男孩子」，我隨時隨地都在想，要怎麼做才能像正常男孩子一樣。無論是走路、坐著或說話時，我都很在意周遭眼光，必須隨時裝出「正常男孩子」的模樣。唯一無法改變的，就是自己喜歡的動畫作品或感興趣的事物。

我最喜歡看卡通《美少女戰士》。我有一個小三歲的妹妹，名叫小靜，我可以跟她一起看。不過，畢竟《美少女戰士》是女孩子愛看的卡通，所以我無法跟任何人說我最喜歡《美少女戰士》。如果爸媽發現我一個人看《美少女戰士》，他們一定會很擔憂。

說到這個，其實我有一個很想要的東西，想要得不得了，那就是《美少女戰士》的主角月光仙子攻擊敵人時使用的魔法棒玩具。可是，一想到我說出口的同時，別人會怎麼說我、怎麼想我，就感到害怕，只能將這個願望放在心中。

還好，我早就想到一個好方法，可以順理成章地拿到月光仙子的魔法棒。

過不久就是聖誕節了。每到聖誕節，和藹可親的聖誕老公公就會出現，送我最想要的禮物。於是我使出渾身解數，把握這每年只有一次的大好機會。

一到十二月，家裡就會裝飾一棵小聖誕樹。每天早上一起床，我就跑到聖誕樹前跪坐下來，雙手合十祈禱。

「我想要月光仙子的魔法棒，聖誕老公公，請給我月光仙子的魔法棒，拜託拜託！」我沒將話說出口，只在心中專注地默念。我相信聖誕樹會將我的願望傳達給聖誕老公公。

那段時間媽媽似乎很焦慮，她問：「你向聖誕老公公許了什麼願？」「你想要什麼？我可以幫你跟聖誕老公公說喔！」而且問了我好幾天，我都堅決不說。我不希望媽媽知道我想要女孩子的東西，我不想讓她傷心。

我委婉地告訴媽媽：「沒關係，我會自己跟聖誕老公公說。」拒絕了她的好意，但媽媽依舊不放棄。

「你想要的東西有什麼用途？是可以連在電視上玩的遊戲嗎？」

我搖搖頭。

「會動的東西？」

我想了一下，再次搖搖頭。

「你想要的東西有什麼功能呢？」

「可以施展魔法。」

我不小心就說了真心話，驚覺不妙，趕緊閉嘴。

媽媽又問我：「可以施展什麼樣的魔法？會飛？還是跑得很快？」

我完全沒回答。

聖誕節當天，我一醒來就發現枕頭旁放了一個用綠色包裝紙包起來的禮物。我立刻跳起來，慎重地抱著禮物跑到聖誕樹前，像往常一樣跪坐下來，雙手合掌。

「聖誕老公公，謝謝你！真的謝謝你！」

媽媽早已起床，要我打開禮物看看，我搖頭拒絕。現在開禮物還太早了，要是在媽媽面前打開，她就會知道我向聖誕老公公要了月光仙子的魔法棒。

媽媽對我說：「隨便你嘍。」說完便走到廚房做早餐。

我立刻鑽到餐桌底下，避開大人的目光，小心翼翼地拆開包裝紙。包裝紙裡包的是「對講機組合」的盒子，我看了之後很驚喜。聖誕老公公一定知道我「瞞著」爸媽向他要月光仙子玩具，所以故意不用月光仙子的盒子裝，改用其他盒子。上一秒我還很佩服聖誕老公公真是個懂得察言觀色的人，沒想到下一秒，現身在盒子裡的竟然真的是「對講機組合」！

我不敢相信自己的眼睛，瞠目結舌地僵在原地，腦袋幾乎無法運轉。我只能像個旁觀者，任由自己珍視的寶物在心中喀啦一聲地崩裂。

我拿出對講機，盯著它看，心想「這才是男孩子該要的禮物」。等我慢慢恢復理智，才想通原來媽媽就是聖誕老公公，難怪她前陣子一直打探我想要什麼禮物。為了不讓她傷心，我決定捨棄在心中碎裂一地的寶物。

我緊握著對講機，走到媽媽身邊，使出全身的力量擠出笑容。

媽媽對我說：「你拿到禮物啦！太好了。不過，聖誕老公公有沒有弄錯你的禮物呢？」

看著媽媽臉上尷尬的笑容，我撐著笑意說：「雖然跟我想的不太一樣，但我確實是要類似對講機的東西，謝謝媽媽。」

媽媽像是鬆了一口氣地說：「不是謝媽媽，要謝謝聖誕老公公喔！」

戲要演全套，我慢慢走到聖誕樹前跪坐下來，盡可能擺出和過去一樣的態度。我在聖誕樹前雙手合十，覺得自己真蠢！

就在此時，小我三歲的妹妹走了出來。她一起床就開了禮物，我看到她手中拿著聖誕老公公昨晚送給她的月光仙子魔法棒，沒想到我想要的禮物竟跑到妹妹手裡。

後來我沒跟妹妹借魔法棒來玩，那年的聖誕節是我一生中最難忘的聖誕節。

照這樣下去長大成人可就糟糕了喔！

我小學四年級的導師是「福士老師」，他是個年輕男性，見人總是呵呵傻笑，愛說笑話，很善於炒熱氣氛。就連媽媽也對我說：「你的導師是福士老師，真是幸運啊！他在我們媽媽之間很受歡迎呢。」我也覺得福士老師是個很好的導師，直到那一天……

有一天，我獨自在走廊走著。一名感覺很調皮、看似就讀三年級、年紀比我小的男孩指著我大叫：「哇，『人妖』來了！快逃啊，不然會被傳染喔！」

他就這樣大吼大叫地跑過走廊。走廊盡頭是樓梯，我心想「要是他摔下樓就好了」，默默地目送他的背影。這一連串過程，福士老師都看在眼裡。

我很快就發現福士老師看到了這一切，不禁打個冷顫，希望這件事不會鬧大才好。

我和福士老師一對上眼，他就帶著不懷好意的笑容，招手要我過去。

他帶我走進一間無人的教室，要我隨便找個位子坐。我坐下之後，老師坐在我對面的桌子上，低著頭看我，對我說：「七崎同學，剛剛那位同學叫你『人妖』，你忍得下這口氣嗎？」

我在想，要是我跟老師說「我忍不下這口氣」或「我很傷心」，那個學弟可能會被老師罵，所以我得好好思考，我該不該讓老師罵那個學弟。老實說，那個學弟真的很煩，他被老師罵是很可憐，但這不是我該考慮的事情。

我回答：「我忍不下這口氣……」

我想這下子那位學弟一定會被罵，以後也不會有人在走廊遇到我時敢再大叫「人妖」了。不過，福士老師似乎並不打算找那個學弟解決問題。

「那麼，你有想過別人為什麼會叫你『人妖』嗎？」

從老師的問話中，我大概可以猜出他想說什麼，於是我小心翼翼地回答：

「……沒有……我沒想過。」

我說我沒想過那是騙人的，但我只能這麼說。我以為老師會罵我，我抬頭看著福士老師，只看到他臉上的笑容，那笑容看得我頭皮發麻。

老師又問：「七崎同學，你……是不是在裝可愛啊？像女生那樣裝可愛？」

我害怕得低下頭，說不出任何一句話。

「老師覺得七崎同學太會裝了，看起來真的很像『人妖』，所以老師可以理解剛剛那位同學的心情。若是照這樣下去長大成人，可就糟糕了喔！你長大要是還像現在這樣，你會很痛苦喔！」

這一刻，我只感受到滿滿的恐懼和痛苦。雖然我只是個小學四年級的孩子，但我很清楚，老師表面上看似擔心我，其實是完全否定我這個人的存在。

我還以為老師會站在我這邊罵那個學弟，我真是好傻好天真。我根本沒在裝可愛，我無法接受老師的說法，但我也明白，我不可能讓老師了解我的心情。

老師接著說：「解決這件事的方法其實很簡單，你別再裝可愛就好了。」

我點點頭，接受老師的教誨。我只想趕快離開這裡。

「剛開始可能很難，但老師希望你好好努力，改掉裝可愛的習慣。」

我用力地點點頭，真希望趕快結束這個對話，我無法再和福士老師待在同一個空間裡。

我身邊沒有任何可以商量的大人，要是找人談，對方一定會像老師一樣要我「別裝可愛」。沒人了解我，我也無法相信任何人。

我沒和任何人說起那一天的事情，媽媽還一味地相信福士老師是個好老師，班上同學也經常被老師的笑話逗得呵呵大笑，我覺得這樣也好。自從那件事之後，我沒在教室裡笑過，也不再正眼直視福士老師。我想透過輕蔑福士老師的方式，阻止心中的悲傷繼續蔓延。

第2章

所謂初戀
就是枕頭跟內褲都會溼

學生會辦公室的邂逅

後來我升上國中。上了國中之後，男性和女性對彼此開始產生「異性」的自覺，男女同學之間涇渭分明。由於小學時我只跟女同學玩，因此很不能適應國中的環境。我也努力融入男孩子的團體之中，不過，我發現每次和男同學說話我都會很緊張。或許是因為過去我沒和男孩子相處過，也或許我就像大家說的那樣，是個奇怪的人。不曉得是否因為這個原故，我無法和班上男同學建立交情，有時還會在走廊或廁所遭到毆打，還有人對著我的臉吐口水。

就這樣過了一年，國二的時候我出來選學生會的會計長。既然每天都要來學校上課，我希望能貢獻一點心力。當選學生會的會計長不僅拯救了我，我還在學生會辦公室遇到了我的初戀。

學生會為我提供了一個可以喘息的地方。下課後只要到學生會辦公室就無須擔心別人來找碴；學生會的成員無論男女，都是擁有共同目標的夥伴。國中生活對我來說毫無樂趣，只有無窮的痛苦，好不容易找到了安全的歸處，我終於能稍稍品嘗快樂的滋味。

國二的某一天，阿司跟著副會長走進了學生會辦公室。之前我已經聽說副會長的班上有一個剛轉進來的轉學生，那個轉學生就是阿司，跟副會長一拍即合。阿司雖然長得不高，但可能是因為加入網球社的關係，膚色黝黑，睫毛很長，雙眼炯炯有神。個性風趣、不拘小節，而且口若懸河，是個十分開朗的人。

放學後，阿司經常出現在學生會辦公室。基本上學生會辦公室歡迎所有同學來玩，所以即使沒有工作要做，我也會去辦公室，和阿司還有其他人一起聊天，或背著老師偷吃零食，一起玩到學校快要關校門為止。

學校關門後，通常只剩我和阿司一起回家。我發現阿司在與大家夥兒聚在一起，和與我單獨相處的表現判若兩人；阿司在學校是個人來瘋，但與我單獨相處時，卻變得相當嚴肅。我很開心只有我看得見他這一面，所以我什麼話都對阿司說，包括我在班上沒有朋友，以及我不在意自己有沒有朋友。這些內心深處的想法，我都毫不隱瞞地告訴他。

阿司也告訴我，他剛轉學進來，為了討大家喜歡，才表現出人來瘋的模樣，其實他覺得這樣好累。阿司是我第一個結交的男性死黨，我信任他，對他敞開心房，我也為此感到開心。

有一天在回家的路上，阿司一臉嚴肅地對我說：

「為什麼大家都叫你人妖？七崎，你想當女人嗎？」

我並不希望轉學生阿司知道我被其他同學戲稱「人妖」的事情，所以聽到他說出「人妖」這兩個字的時候，我嚇了一跳。不過，阿司直視我的眼神不像其他同學只想嘲弄我，也不像大人那樣同情我，反而透著犀利，像是看透了我內心深處極力想隱瞞的祕密，讓我無處可逃。

我回他：「才不是呢！我不想當女人，我覺得當男人很好。」

「這麼說，你和我一樣，都是正常的男孩子嘍？」

「嗯……當然啊，我自認是正常的男孩子，可偏偏有人要叫我人妖……」

「問題可能出在你的說話方式吧？你不是動不動就像女孩子一樣大呼小叫的？或許是這樣，別人才會叫你『人妖』。」

我想阿司是關心我才會對我說這些話，我很開心他對我這麼好。

其實我剛剛說「我覺得當男人很好」是騙人的，之前我還在想「我要是女生就能交到朋友了，真希望我是女孩子」，但現在我覺得，正因為我是男孩子，才能和阿司成為死黨。

青春期男生與腋毛的關係

「我到現在還沒長腋毛呢！」

我的話迴盪在放學後的學生會辦公室裡。此時只有我和阿司，不知道為什麼，我們聊起了體毛的話題。

阿司驚呼：「什麼！你還沒長腋毛嗎？你都國中二年級了耶！」

我很訝異阿司竟然會對我還沒長腋毛這件事如此驚訝，我猜想大家可能都很自然地長了腋毛，所以沒想過到現在還有人沒長。阿司一邊驚呼「真的假的！你等一下」，一邊解開襯衫鈕子，露出上半身。阿司的上半身結實黝黑，感覺十分健康，隱約露出的肌肉線條散發出濃濃的「男人味」。

「你看！」阿司舉起手，露出他的腋毛給我看。相較於他自然大方的模樣，我感到有些害臊，心想「這樣露給我看可以嗎？」不過，要是我此時表現出害羞的模樣，那就太尷尬了。我提醒自己盡可能保持平常心，冷靜地看著阿司精壯完美的身軀與濃密工整的腋毛。

這一刻，我像是被雷打中一般，一股無法壓抑的強烈慾望貫穿我的身體，令我全身顫抖。我想要再靠近一點欣賞阿司的肉體，我想要細細觸摸那黝黑又平滑的肌膚。老實說，我想將我的臉埋進他的腋下。我有生以來第一次產生這種感覺，我甚至擔心自己的心跳聲會不會已經大到響徹在只有我們兩人的學生會辦公室裡？看著阿司完美的身體，我不知道自己等一下該怎麼辦。

我在內心默默告訴自己：「冷靜、冷靜……好好想想『正常的男孩子』遇到這種情形會怎麼做？」於是我決定趕緊解開襯衫鈕子。我不知道這麼做對不對，只是直覺告訴我「跟著脫就對了」。

「你看！」我打開襯衫，讓阿司看我的腋下。這是我第一次露腋下給別人看，但現在不是害羞的時候。

「真的耶，太酷了！七崎，你應該長陰毛了吧？」

阿司的話讓我好害臊，不知如何是好。我不敢直視他的眼睛，也不知該做何反應，擔心他會不會要我脫褲子給他看陰毛。

「長了一點。」我害羞地回答。

「這樣啊！我想你的腋毛應該不久就會長出來……該不會，你其實是半個女生？」阿司自顧自地做出結論。

我趕緊回答：「真希望我的腋毛趕快長出來，如果能像你那樣就好了，你的腋毛真的很酷！」

我說我想長腋毛是假的，但被阿司的腋毛吸引是真的。我的心還是撲通撲通地跳，可能是太興奮了，我一直在稱讚阿司的腋毛。

儘管平時同學們都嘲諷我是人妖，一路走得很辛苦，但阿司說我是「半個女生」，卻不會讓我感到厭惡。不僅不討厭，他的話也燃起了我的希望。原因很簡單，如果我是半個女生，阿司也算是喜歡半個異性的我，或許這樣的可能性是存在的。阿司總是對我很好，說不定我也有機會和他談戀愛。如果這個願望可以成真，他那溫柔真摯的眼神、平滑黝黑的肌膚與美麗的睫毛，都能屬於我，這是我求也求不來的幸福。

被阿司抱在懷裡不知是什麼感覺？和阿司手牽手不知是什麼感覺？如果阿

司說喜歡我，又是什麼感覺？幸福的妄想就這樣在我腦海裡逐漸膨脹……

另一方面來說，其實我也很害怕。我畢竟是男孩子，不應該喜歡上阿司。就算阿司說我是半個女生，我仍然有一半是男生，不該成為他的戀愛對象。我也很擔心如果阿司發現我的心意，我們會不會連朋友也做不成了？如果話說開了會讓阿司討厭我，我寧願以朋友的身分待在他身邊。

如果我是女孩子，阿司一定會喜歡上身為異性的我。為什麼我是男孩子呢？「當男人很好」根本就是錯的！但話說回來，當男人還是有好處的。我們都是男孩子，可以變成死黨，可以互相看彼此的腋下；比起當戀人，當朋友可以維持一輩子的情誼。我們一輩子都能當朋友。我不止一次如此告訴自己，但愈是這樣說服自己，我對阿司的遐想就愈強烈。

認識阿司的幸福與無法得到他的痛苦，在我心裡互相拉扯。

我的初戀就從腋毛開始。

戀愛的悸動

阿司轉學過來，讓我的校園生活瞬間變得有意義。雖然我們就讀的班級不同，但一想到阿司就在這座校舍裡的某處，我便忍不住雀躍起來。校園生活對我來說一直都是痛苦的，是阿司扭轉了一切。

我和阿司的關係不止如此，阿司也報名了我就讀的補習班。白天我們在同一棟校舍讀書，放學後再一起去補習班，這世上還有什麼比這更幸福的事？最讓我感到幸福的，是補習班下課後的時間。

我們兩人跑到黑漆漆的公園，不是聊到深夜，就是躲起來偷喝酒精性罐裝飲料，創造了許多專屬於我們的小祕密，這種感覺真的很快樂。我很清楚我的心撲通地跳並不是因為瞞著大人偷喝含酒精飲料，而是因為和阿司在一起。我想，這就是大人所說的青春吧。

我和阿司差不多都在這個時候有了手機，即使不在身邊，也能隨時聯絡。我的第一支手機是與阿司同款的 J-Phone 摺疊機，搭載動態表情符號、照片郵件等最新功能，是當時很受歡迎的機種。只要事先設定，手機在摺疊狀態下也能透過不同顏色的燈光，顯示來電者或郵件寄送者的身分。我將家人打來的電話設定為紅燈，朋友打來的設為藍燈，所以每當手機閃著藍光，我的心就會產生雀躍的悸動。

有一天晚上我正準備入睡，放在枕頭邊的手機突然震動，閃著藍光。

大概是阿司寄了信過來。我按捺著怦怦跳的心，打開手機的收件匣。如我所料，正是他的郵件，信裡寫著：「七崎，我交女友了！」

我緊盯著在夜晚過於眩目的手機液晶螢幕。在黑暗中，原本歡欣的悸動轉變成驚愕的心悸。我在腦中不斷喊著「怎麼辦……該怎麼辦……」，可是，我又能做什麼呢？發生了無可奈何的事情，我做什麼也沒用。儘管我如此說服自己，下一秒立刻又想著「怎麼辦……怎麼辦……」。

我得先冷靜下來。怎麼辦……為什麼我這麼痛苦……我很害怕最好的朋友離我遠去，或許我的痛苦就是來自於這樣的憂慮和不安……我不想將阿司交給別人……如果他跟我在一起，比跟女友在一起更快樂，他應該會和女友分手，回到我身邊……我該怎麼做才能讓他回頭？我想以朋友的身分一直待在阿司身邊……我只要等他和女友分手就好……真希望他們趕快分手……不，我得想辦法讓他們分手！

我回了一封信，裡面加了一大堆動態表情符號，也寫了一些字表達「阿司的幸福就是我的幸福」的祝賀之情。

「恭喜交女友了！也給我介紹一個吧，祝你們幸福！」

被詛咒的約會

將我推落谷底的那個女人，也就是阿司的女朋友，名字叫秀美。她比阿司嬌小，渾身充滿謎樣的感覺。照理說神祕感會讓一個女人更美麗，但秀美並不漂亮。我從未和秀美說過話，也不想和她當好朋友。不過她畢竟是阿司的女朋友，我也不能冷淡對待。

雖然我認為阿司是被一個突然出現的女生搶走了，但我還是想以阿司好友的身分，在一旁守護（監視）他們，在那之後我們三人經常玩在一起。三人同行雖然會讓我有些罪惡感，總覺得我是電燈泡，但至少我可以跟阿司在一起，而且我也不想和秀美兩人單獨相處。

無論我們三個玩得多開心，就算他們兩人被我逗得捧腹大笑，仍無法改變阿司喜歡秀美的事實。隨著我們三個在一起的時間愈長，我的心充滿了空虛、嫉妒，內心就像河底的爛泥一樣軟爛發臭。

後來，阿司和秀美瞞著我私下商量兩個人單獨去約會，我就這樣被踢出了「三人行」，變成孤零零的一個人。

我從學生會副會長那裡得知，阿司與秀美在單獨約會的期間發生了（阿司的第一次）親密關係。我不只傷心他們兩人的關係發展如此迅速，也傷心阿司竟然沒告訴我，所有的一切都狠狠刺傷了我的心，讓我無法忍受。

真希望能回到遇見阿司前的生活，也希望自己從未認識他。

比起失去阿司的痛苦，過去讓我窒息的學校生活竟變得自在多了。

後來有段時間我過得很低調，黏在內心的爛泥也隨著時間過去慢慢清除。

有一天，阿司和秀美約我去唱ＫＴＶ。我猜想應該是阿司覺得放我一個人過意不去，才拜託秀美同意，約我一起去唱歌的，而秀美也答應了。我雖然不甘心，卻也很高興，又覺得自己很可憐，但無論如何，不管以什麼形式和阿司在一起，我都很開心。

我們三個一起去唱歌，但我很少說話。我還是不能接受他們已經有了肌膚之親，也很介意阿司到現在還不親口告訴我。這時我點的歌來了，我拿起麥克風，看著歌詞。

「無法成為No.1也好，原本就是特別的Only One……」

正當我要開口唱歌的那一刻，過去壓抑的情感瞬間爆發，傾瀉而出。

我的眼淚一直往下掉，雖然很想振作起來，好好唱歌，但就是做不到。我趴在包廂裡的桌子上哭了起來。我在心中大喊：「我想成為阿司的No.1！」阿司伸出手撫摸我的背部，他的手掌好溫暖，我好開心，就這樣哭了一會兒。

秀美問：「你為什麼哭？」

我趴在桌上，什麼也沒說。

她見狀又關心地問：「如果你相信我們，不管發生了什麼事，都可以對我們說。」

還不都是妳害的！——當然，我也沒說出口，只在心中大喊。

溼掉的內褲不會說謊

自從發生ＫＴＶ大哭事件後，我刻意與他們保持距離。只要我們三個在一起，我就會變得無法自制。

我和秀美就像吊掛在懸崖下，掉下去就會死，而阿司只能救我們其中一人。身為阿司的朋友，我應該要對他說「祝你們幸福」，接著就鬆手墜入懸崖，但我不要。我想在阿司看不到的地方，將秀美踢下去。就算阿司救了秀美，我墜落懸崖，我也不會說「祝你們幸福」，我一定會詛咒他們再往下墜。

接下來的日子，我每天都這麼想著，眼看就要畢業了。有一天，阿司突然跑來找我說話。

「七崎，你今天有空嗎？要不要來我家玩？」

「有空是有空啦，秀美也會去嗎？」基於禮貌，我還是要問一下。

「秀美說她今天有約，不能來。」

明知阿司是被秀美拒絕才來約我，我還是很高興。

「這樣啊，那我今天就去你家打擾了。」

好久沒來阿司的房間了，房間裡飄著跟阿司制服同樣的味道。他脫下學生外套，掛在衣架上。阿司很愛乾淨，書和CD全都整齊收在書櫃裡。我穿著制服仰躺在阿司的床上，看著天花板。阿司冷不防地跨坐在我身上，身體往下壓。

等我回神之後，發現阿司的臉就在我眼前，我們現在的姿勢看起來就像阿司將我撲倒在床上。兩人的臉相距只有十公分，我滿眼都是阿司的臉龐，他則以我從未見過的表情盯著我的雙眼。

我的雙眼不知道映照著什麼？我感覺阿司看透了一切，不禁覺得害怕，同時也感受到和阿司近距離接觸的舒心感。我們彼此都能感受到對方的心跳，我對阿司的感覺似乎也流淌在他的身體裡。現在的氣氛很好，要是我閉上雙眼，說不定阿司會情不自禁地吻我。如果能如願以償地跟他緊緊相擁、接吻，告訴他我一直很喜歡他，不知該有多好……不過，若真是這樣，之後又會如何？

如果阿司說他是在鬧著我玩的、他並不喜歡我，我就這樣被他甩了的話，他就知道我是一個喜歡男生的變態！如果阿司告訴秀美，這件事遲早會在學校裡傳開，大家會說七崎果然是人妖，是喜歡男生的變態，他曾經向阿司表白結果被甩了……要是真的發生這種事，我會活不下去。

「真噁心！」我用力推開阿司，「不要因為秀美不在，感到寂寞就對我伸出魔爪。」我開玩笑地說著，阿司卻沒笑。

房間裡的氣氛有些尷尬，我藉機說要上廁所，躲進廁所裡。我將手放在胸口上，深吸了一口廁所裡的空氣。

我告訴自己剛剛做得很好，阿司只是在和我鬧著玩，才跨坐在我身上。再說，我喜歡阿司的心情一定是出了什麼錯才會這樣。我是男的，男人喜歡男人絕對不正常，這只是短暫的異常。所以，剛剛那樣表現得很好……

等呼吸正常之後，我脫下褲子，內褲裡發生了不尋常的事情。和阿司近距離對看，讓我的內褲都溼了。

溼掉的內褲訴說著我喜歡阿司的心情。

我的「女朋友」

其實我讀國中時曾經交過女朋友，那算是我對自己的挑戰。當時我不認為自己是同性戀，一味地堅信男生就是要和女生交往，而且要是我也交女友了，和阿司、秀美一起出去時，就不會剩我一個人落單，還能偽裝在「雙重約會」的表象下，多一點時間跟阿司在一起。

對我來說，我與「小櫻」的交往並非「因為喜歡所以交往」如此純情的結果（老實說，我還滿喜歡小櫻這個人的）。

我記得就連我們的交往，也是小櫻「推波助瀾」的結果。小櫻可說是校園裡的風雲人物，她總是活力十足、特立獨行。其他女學生都流行將裙子改得極短，再搭配一雙寬鬆的泡泡襪，只有小櫻穿著腳踝長度的襪子，裙子也長到腳踝，簡直就是過去那個年代「太妹」的打扮。她還每天踩著外八字的步伐，在走廊暢行無阻。

即使有了小櫻這位正牌女友，我的心依舊不在她身上，而是在阿司身上。

比起小櫻的嘴唇、髮絲與肌膚，我更想將臉埋在阿司的腋下；而對小櫻來說，我不過是個可有可無的男友。就連牽手、我的初吻，都是小櫻半強迫式地逼我就範。接吻那次也是我們兩人都喝了酒才成事。

我和小櫻經常為了「送回家的問題」吵架。男朋友與女朋友、男人與女人都有各自的職責，通常男朋友要負責送女朋友回家，我一直不能接受這種成習。

有一次我對小櫻說：「今天由妳送我回家，我肚子餓了，想早點回家吃飯。」她剛開始說好，後來覺得不對勁想反悔，我們就大吵一架。從此之後，我們之間的感情變得很不穩定，最後結束了短暫的交往。

我和小櫻只接吻過一次，沒有進一步發展，和阿司的「雙重約會」計謀也沒實現。國中畢業後，我和小櫻分別就讀不同學校，從那時候就疏遠了，直到幾年前才有一些交流。

小櫻在報紙上看到我和我先生，也就是亮介結婚、成為同志夫夫的報導。她輾轉從其他朋友那裡問到我的聯絡方式，寫了電子郵件給我。

老實說，我不知道該如何回應她的信。從小櫻的立場來看，雖然時間很短，但她以前交往過的男友竟然不知羞恥地公開承認自己是「同性戀」，還接受報紙採訪，甚至結婚了！她一定會想「那時候的我算什麼！」「那是我過去的汙點！」，現在來指責我也是理所當然的事情。

我必須向她老實承認，當時我並未發現自己是同性戀，還想利用她完成與阿司雙重約會的計謀。於是我鼓起勇氣，撥打郵件裡的電話號碼，小櫻立刻接起電話。

聽小櫻的聲音，她似乎很高興接到我的電話。

我還沒出聲，小櫻就先開口說：「七崎……我在報紙上看到你的新聞。」

「嗯，就是那麼一回事……我覺得很對不起妳。」

「七崎……有件事我必須向你道歉。你聽過性別不安症嗎？」

「嗯，我聽過。」

「其實我就是性別不安者，我現在的名字叫賢治。」

「是嗎？原來是這樣啊！」我聽了之後恍然大悟。

「不瞞你說，和你交往前，我曾經和女孩子交往。當時已經有少數人知道，

我很怕會傳開來……於是，我就想，如果能和男孩子交往，就能平息傳聞，不

會再有人傳那件事……是我利用了你。」

「等一下，真的假的？」

「真的很對不起，我一直想向你道歉……」

聽到小櫻的出櫃與道歉，我忍不住想笑。我又何嘗不是利用小櫻，我也覺得對她很抱歉。

我說：「老實說……我們是半斤八兩。我那時很喜歡三班的阿司，阿司正在和秀美交往，所以我想跟妳交往，來個雙重約會，就可以和阿司在一起了。我是想跟阿司在一起，才利用妳的，真的很抱歉。」

「真的假的！」雖然小櫻的語氣聽起來很驚訝，但她充滿笑意的感覺讓我稍微放下心來。「可是我不記得曾經和阿司他們一起出去約會啊。」

我回答：「雙重約會的計謀沒有實現，妳應該還記得我們很快就分手了吧？」

「對喔！」

「看來我們的青春年代都過得很辛苦，我們就原諒彼此吧！對了，妳現在幸福嗎？」

「我現在和一名離婚、有孩子的女性交往，雖然很辛苦，但我很努力。」
「有孩子每天都有希望，我真羨慕妳。妳身邊的人都能理解妳嗎？」
「我和自己的爸媽已經不往來了，我也沒和朋友說。畢竟鄉下地方還很保守，不太能接受這種事。」
「真希望大家都能早日接受。」
「是啊……不說這個了，真的很抱歉……」
小櫻，不，賢治一直在對我抱歉。我相信賢治當時也有很多煩惱，再說，我根本沒資格要求賢治對我道歉。
我對賢治說：「要是那時候我知道自己是同性戀，或許還能給你一些忠告。」
「我也這麼想！難得有這麼好的傾訴對象就在身邊。我那時一直告訴自己『事情總有辦法解決』，好不容易才活下來。」
「我懂！我也是這樣。」
我在寫這本書時，又打了通電話給賢治，他已經和有小孩的女友分手了。

不過，他的父母慢慢理解他的狀況，也算是好事一樁。

賢治現在還沒動變性手術，但他曾經說過「我只能選擇動手術」。他很努力存錢，為了動手術，沒有一天休息。賢治也說，他的公司告訴他「當初錄取他的時候是個女性」，雖沒明說，但弦外之音就是「一定要離職才能動手術」。依我看這根本沒道理，但對賢治來說，他不得不接受。他將公司方面的說法當成是好意（考量到之後的工作與人際關係等事宜）。

賢治是跨性別者，我是同性戀，我們兩人的立場和煩惱截然不同。不過對於大多數與賢治擁有相同煩惱的人而言，日本現今的制度與社會環境實在過於嚴酷。

賢治和我曾經交往過，儼然是跨性別者與同性戀的交往，或許很多人認為這是「不可思議的組合」，但我不這麼想。很多人認為「我沒遇過這種類型的人」、「我身邊沒有這樣的人」，其實這是不對的。在人權先進國家中，大多數的人都知道自己身邊就有跨性別者或同性戀。出櫃與否是個人的選擇，沒有正確答案，但在我出生的國家，許多人就算想出櫃也做不到，就是因為日本社會太不寬容的緣故。

跟賢治聊天的過程中，忍不住想，要是賢治和我一起搭乘時光機回到國中時代，去見當時的我們，我想緊緊抱住國中的賢治和我，告訴他們：「一切都會沒問題的。」

不過，日本社會必須再稍微進步一點，我才能跟他們說「未來是光明的」——這是我最真切的想法。

對我而言，國中時期最美好的回憶只有「暗戀阿司」和「學生會活動」。還記得國三要拍畢業紀念冊個人照的那一天，有個男同學拿剪刀亂剪我的瀏海和鬢角，所以我連畢業紀念冊都丟了。

最近，我的國中同學拿了畢業紀念冊給我看。照片中的我雖然頭髮被剪得亂七八糟，看起來卻沉穩堅定，面帶笑容。如今我已長大成人，但回頭看當時的照片，還是令我相當驚訝。

就像我之前說的，國中時，我經常在走廊被其他同學揍到快死了，也曾在廁所被人抓住前襟，朝臉上吐口水。那些被揍、被踹留下的青斑，以及被自動鉛筆刺傷留下的傷痕，至今都沒有消失。由於每一次都是被人偷襲，因此直到二十五歲前，只要有人站在我身後，我依然會被嚇得背脊發涼。

當時的我，認為會被揍是我「倒楣」，就連老師也責怪我「都是你行為舉止不像男孩子，才會被其他同學盯上」。我雖然想表現出正常男孩的模樣，但還是會被戲稱為「人妖」、「裝可愛」，我討厭這樣的自己。比起被同學揍，我更討厭自己，這種心情真的很煎熬。

現在，我不恨當時不理解我的老師，也不恨那些傷害我的人，我也不認為自己是霸凌的受害者。不，老實說，我不想將當時的我視為受害者。如果我是受害者，就一定有「加害者」，可我無法將當時的老師和同學當成加害者，責備他們對我做的事情。就算真有加害者，我認為那也是「社會的歧視與偏見」，不是他們。

國中畢業後，我花了超過十五年的時間，不斷在心中整理與處理自己的思緒和心情，才成功轉念。霸凌是絕對不容許的事情，以言語暴力傷害他人的心，甚至使出肢體暴力傷害他人身體，這些都是日本法律不允許的行為。如果你現在正承受著霸凌，或曾有過慘痛的經驗，希望你看過本書後，不要獨自煩惱。我知道這需要勇氣，但我希望你能向身邊信任的人求助。無須自卑地認為「都是我不好，別人欺負我也沒辦法」，找出適合自己的對抗方式與生存之道，勇敢地踏出第一步。你絕對做得到，我相信各位的勇氣。

我也希望你們可以和大人商量，但不是所有的大人。我受夠了那些輕忽霸凌議題的大人，只會將霸凌視為「孩子之間的相處問題」，企圖大事化小、小事化無，甚至置之不理，這樣的做法和輕忽的態度真是令人厭煩。只想鼓勵孩子，卻不去理解孩子們笑容背後的悲傷與痛苦，這樣的大人，我們根本不需要他們的意見。

那些大人們在我最痛苦的時期否定了我的人格，我現在雖不恨他們，但也絕對忘不了當時他們對我說的話。

當年我完全找不到可以傾訴心事的人，所以我想到對抗霸凌的方法是「詛咒」。我認真地思考如何不髒自己的手，以詛咒的方式殺掉揍我的人。現在回想起來，當時的做法真的很恐怖，但我讀遍了所有暗黑法術的書。我的手雖然沒弄髒，但我的心汙穢了。我想當時的我，也只能以這種方式拚了命地活下去。

校園生活對我來說只有痛苦，是阿司為我帶來了希望的光。我被他直率的眼神與腋毛吸引，墜入愛河。我去學校是為了見他；只要有阿司在，我什麼都不怕，只怕他會離開我。

我不只對阿司交女友感到震驚，對於自己對此的震驚反應也讓我深受打擊，這兩件事讓當時的我愈來愈不了解自己。我每天都在祈禱阿司與秀美早點分手，偏偏他們辜負了我的期待，國中畢業後還交往了一陣子。更糟的是，我跟阿司分別進入了不同的高中就讀。

第3章

戀愛的同性戀少年每天都像嚴刑拷問

生活指導室

我脫下國中穿的西裝外套，換上陌生的詰襟制服[1]，展開了高中生活。

入學當天，我坐在自己的位子上托腮發呆，其他班上的男同學刻意跑到我們班窺探，竊竊私語。

「那個人是人妖嗎？」

「是啊，你看他的坐姿，太可愛了吧？」

我一看就知道他們是聽了我的傳聞，才特地來看我的。聽到他們說我可愛，害我不知道該不該向他們鞠躬道謝，不過我決定假裝沒發現他們。雖然一入學就成為眾所矚目的焦點，但令我意外的是，我竟然在這所高中結交了許多無可取代的好朋友，而且無論男女都與我成為莫逆之交。

我的高中生活過得很充實，每天都像冒險故事般精彩，很開心。

我就讀北海道的高中，夏天騎四十分鐘的自行車上學，路上積雪時就搭公車上學。在入學幾個月後的某一天，老師突然將我和小杏叫到生活指導室去。

小杏是個身材魁梧、聲音宏亮、態度高傲的女孩，我每天早上都和她一起上學。

我和小杏坐在密閉的生活指導室裡，眼前坐著全校最嚴格的老師。

老師率先開口：「你們應該知道我為什麼叫你們過來吧？你們自己說吧。」

「蛤？我不清楚。」我真的不知道老師在說什麼。

「那你呢！」老師又問小杏。

「我也不知道！」小杏也丈二金剛摸不著頭腦。

老師輕輕地「嘖」了一聲，接著說：「公車司機向學校投訴，你們在公車上吵吵鬧鬧，影響到其他乘客了！」

公車裡有那麼多學生，大家都在說話嬉鬧，為什麼偏偏說是我們吵鬧？我猜想一定是老師自己有先入為主的偏見，第一個想到的就是我們，才會叫我們過來。小杏一定也是這麼想的。

1 詰襟：又稱為「學蘭」（gakuran），為洋服的形式，但領子多為立領。原為日本軍官的制服，之後被學習院、帝國大學所採用，最後逐漸成為日本高中生的學生服。

小杏立刻反駁：「為什麼說是我們吵鬧呢？公車裡明明有那麼多學生！」

我跟著點頭，附和小杏的說法。

被小杏這麼一反駁，老師似乎不像剛剛那麼強勢。不過，他也沒有要向我們解釋的意思。

「除了你們，還會有誰！」老師依舊一口咬定我們。

「為什麼！憑什麼這麼說？」

兩人就這樣來回鬥嘴了幾次，剛開始還很強勢的老師，態度也逐漸彆扭了起來，有點不好意思地說：「那個公車司機說……吵鬧的是一個……身材高大、嗓門也很大的女學生，還有一個看起來像女生的男學生。剛剛老師們開會時已經確認過了，除了你們之外，全校沒有符合司機描述的二人組！」

不知道坐我隔壁的小杏又會說出什麼話來，我偷偷瞄了一下小杏。從小杏的側臉來看，她似乎欲言又止，看來是無法反駁吧。我忍不住笑了出來。老師說得沒錯，我也認為全校只有我們兩個符合司機的描述。小杏看我笑出來，她也快要嘴角失守，但還是開口嗆我：「七崎，你笑什麼！人家這麼說你，你都不生氣嗎？太過分了，老師，你剛剛說得太過分了！」

「老師也不想這麼說啊！總之，你們以後搭公車時乖一點，知道了就回去上課！」老師一定也覺得很難為情，於是草草結束話題，把我們趕出生活指導室。

今天的「指導」讓我覺得很開心，雖然被罵還開心根本不正常，不過請各位想一想，我從小到大，不管是國小或國中，都因為「像女孩子」受到各種指正，其中包括「不要裝可愛」、「行為舉止要像個男孩子」、「多交一點男生的朋友」、「既然是男孩子，坐姿就要像個男孩」、「跑步時雙手不要在胸前擺動」。

這次雖然被說是「看起來像女生的男學生」，但我不是因為這樣受到指責，而是因為「在公車內吵鬧」這種稀鬆平常的事情遭到投訴，這一點讓我很開心。

小杏的洞

我偶爾（次數真的很少）會跟小杏一起翹課，我們是翹課雙人組。每次翹課我們都會去祕密基地，也就是舊體育館前面的男生廁所。因為是老師和學生幾乎不用的廁所，絕對沒有人能在上課期間找到我們。

雖然是絕對沒人找得到、獨一無二的祕密基地，但那間廁所有一個很大的問題。幾乎沒人使用的廁所自然沒有暖氣，而寒冬時節的北海道溫度很低，待在那裡真的很冷。要是一堂課五十分鐘都待在廁所裡，肯定會凍死。

於是我跟小杏說：「要不要去超商買關東煮來吃？」

「關東煮啊……好啊，走！」

我跟小杏都認為去超商買關東煮是個好點子。只要有了熱騰騰的關東煮，就能在冷得要命的廁所待得舒服一點。不過，仔細想想，如果從校舍大門進出未免太過醒目，而且前往大門的途中，很可能遇到老師。我們必須想出一個好辦法，在不被發現的狀態下順利溜出學校。

我發現廁所的窗戶是開著的，那扇窗戶很大，剛好能讓身材魁梧的小杏鑽過去。窗戶的位置很高，要是夏天從那扇窗跳出去一定會受傷，還好冬天的北海道積雪很深，雪堆的高度正好在窗戶下方，我們可以從窗戶爬出去，順著雪堆往下走到地面上。

我第一個爬出去，從窗戶爬到雪堆上，慢慢順著雪堆走到地面。小杏在窗邊確認我安全著地，接著站在窗框上，對我說：「我現在下去，等我喔。」我看著她從窗戶爬出來，下一秒響起「轟隆隆」的聲音，小杏瞬間消失在我的眼前，原來她掉進雪堆裡，被雪埋起來了。

雖然我看不見小杏，但我聽見她冷靜的聲音從積雪中傳出來。

「七崎，去找老師來。」

我一時間沒意會過來，不曉得她要我去找老師的用意。我心想怎麼可能跑去跟老師說我和小杏翹課，從廁所窗戶跳出來，結果小杏跌進雪堆裡。

「什麼？我不要，求求妳，妳想個方法自己爬出來好不好？」

我打從心裡希望小杏可以自己爬出來，不過，她在雪堆裡又用冷靜的聲音對我說：「七崎，我很想爬出去，但我沒穿自己的鞋子，我的腳好冷。你快去叫老師來！」

最倒楣的情況發生了。我趕緊跑到教職員室，途中根本沒心思想藉口。

我順了順氣息，走進教職員室。由於大多數老師都去上課，只有沒課的老師三三兩兩地坐在自己的位子上。

我放聲大喊：「拜託誰來幫幫忙，小杏被埋在雪堆裡了！我沒事，可是小杏被埋在雪堆裡了！她還在雪裡，腳上沒穿鞋子，腳好冷！拜託老師把小杏救出來，拜託你們！」教職員室裡的所有老師都聽見了我說的話。

當我提到「小杏被埋在雪堆裡」時，我清楚看到家政課的女老師笑到把嘴裡的茶都噴出來了，後來她立刻擺出嚴肅的表情，一臉為小杏緊張的模樣。我一說完，有幾名男老師站起來，跟著我去救小杏。

我帶著老師們趕緊往埋著小杏的雪堆跑去。小杏的腳好冷，她還在等我。途中體育課老師還罵我：「你是白癡嗎？想害得全校停課嗎？」我馬上向老師道歉，真希望待會兒我不會被罵到臭頭。我根本不想停課，要不是小杏被埋在雪堆裡，我們的計畫才不會曝光。

幾名老師一起挖開雪堆，平安救出小杏。小杏從雪堆出來後，一臉歉意地對老師笑著道謝，但老師們完全笑不出來。不用我多說，後來我們又被叫到生活指導室訓斥了一頓。

「為什麼不光明正大地走大門呢？竟然想從窗戶跳出去，你們是白癡嗎？」

「從大門出去不剛好被老師抓個正著嗎？我們才沒那麼笨呢！」我忍不住反駁。

「也不能因為這樣就穿室內鞋出去啊！」老師又大罵了起來。

我心想：「老師，這是重點嗎？」沒想到平時毒舌的小杏，此時竟然坦率地向老師道歉。或許是因為老師將她從雪堆裡救出來，她很感激的緣故吧。原以為事情就此告一段落，但老師不知道哪一根筋不對，突然對小杏說出令人倒抽一口氣的話。

「為什麼只有妳掉進雪堆裡？」

我嚇到說不出話來，不可能當場吐槽說「看也知道」，只能咬緊下唇，避免自己太衝動。

老師真的是一種令人無法理解的生物，為什麼可以一臉認真地問出如此失禮的問題？他真的不知道只有小杏掉進雪堆裡的原因嗎？如果真是這樣，問這個問題的老師才是貨真價實的白癡。

小杏一臉不悅地回答：「我不知道。」

幸運的是，學校並未停課，但我覺得小杏應該要請假幾天比較好。

從上方樓層所有教室的窗戶往下看，就會看見雪堆裡開了一個大洞。學生們議論紛紛，所有人都在討論「聽說那個大洞就是小杏掉下去造成的」。這個傳聞持續了三天以上，最後大家還幫那個洞取了名字。

由於傳聞的來源就是我，因此小杏有一段時間對我很感冒。她也不想想要不是我跑到教職員室求救，她可能就要在雪堆裡待到雪融化為止。

「小杏的洞」就這樣一直存在著，直到春天來了。

長谷的請求

進入高中就讀沒幾個月，炎熱的夏季就來了。

班上有個男同學問我：「讀一班的長谷川想要你的手機郵件信箱，我可以給他嗎？」

「可以是可以，不過我又不認識他，也沒說過話，他幹嘛要我的信箱？」

「他說他有事要拜託你，什麼事我就不知道了。」

「這樣啊。我知道了，你跟他說我等他的信。」

當天晚上我就收到了長谷川的郵件，內容如下：

「我是長谷川，有件事想拜託七崎同學。我喜歡津田，她跟你是好朋友，所以想問你可不可以介紹我們認識？」

我有許多交情要好的女同學。津田妹是校內數一數二的美人，身高又高，身材又好，跟我同班。她雖然很漂亮，卻沒什麼人追，不曉得是因為她不會迎合男孩子，還是因為太漂亮了，反而讓男生不敢靠近。我認為長谷（長谷川的暱稱）的請求很簡單，所以一口答應了下來。長谷說如果只有他跟津田，他會很緊張，希望多約幾個人一起去動物園玩。

第二天，我在學校一看到津田妹，立刻跑過去打招呼。

「津田妹！我跟妳說喔，一班有個叫長谷的男同學說喜歡妳，想約妳去圓山動物園玩。」

「蛤？你在說什麼？那個人是誰？我又不認識他。」

我說：「我知道啊，所以我們一起去動物園，大家認識認識嘛！」

津田回答：「原來是這麼一回事啊？嗯，如果小七也去的話，我是沒問題啦。」

小七是我的綽號。津田答應動物園約會的時候，長谷正好跑到我們這一班來查看，這是我第一次見到長谷川同學。

長谷是個單眼皮，長得很像足球隊隊員的男孩子。他真的很帥，帥氣程度就像足球選手一般。我在內心深處大喊「我要和他做朋友」，跑到走廊上和長谷打招呼。

「長谷，初次見面，你好。津田妹答應去動物園了，恭喜你了！」

「太好了！七崎，真的很謝謝你。不過，你是怎麼跟她說的呀？」

長谷就連聲音也很帥氣。他的長相和聲音深深打動了我，我的心就像是被人揪緊了一樣，快要無法呼吸。

「怎麼說？也沒什麼特別的，我就說你喜歡她，想約她去動物園玩。」

「什麼？你跟津田說我喜歡她？」長谷驚訝的表情嚇了我一跳。

「我不說的話怎麼開口啊？不能說嗎？」我說。

「……也不是這樣，她願意去動物園我很開心……可是，通常不會直接說的啊！傳聞果然沒錯，你很不一樣，某種程度上來說，你是個厲害的傢伙。」

我不懂長谷說的「通常」是什麼意思，但他說我「不一樣」、「很厲害」，我有點不好意思，只好向長谷道謝。

「謝謝你。」

「七崎，你為什麼可以馬上跟女孩子做朋友？我只要和女生在一起就會緊張到說不出話來……可以告訴我不緊張的祕訣嗎？」

「這種事習慣就好了吧？你等一下，我去叫津田妹出來。」

我和長谷單獨說話也會緊張，只是他看不出這一點。

「津田妹，他就是我剛剛跟妳說的長谷。」

「喔，對不起，我失禮了。初次見面，我是津田。」

津田妹的態度有點冷淡，長谷似乎也感受到了，身體跟著僵硬了起來。

「那個，妳好……動物園，還請妳多多指教。」

長谷果然一看到女生就說不出話來，這樣的他超級可愛。

回到教室後，我跟津田說：「長谷是不是超帥的？」

「會嗎？他不是我的菜。再說，他說話的樣子怪怪的。」津田妹模仿長谷說話的樣子，覺得好笑。

「那是因為他很緊張，長谷跟我說話就很正常。真期待去動物園玩啊！」

去動物園那天，我從頭到尾都玩得很開心。一起去玩的都是我的好朋友，長谷還隨時表現出帥氣的模樣。不過，長谷和津田偶爾才聊上幾句，兩人並未打得火熱就結束了快樂的一天。

回家時我和長谷一起走，他對我說：「都是你之前跟津田說我喜歡她，害我今天沒辦法和她好好說話。你為什麼要多嘴啊？」

長谷用手捏住我的肩膀用力搖晃。我說那些話並無惡意，我告訴他不要在意，安撫他的心情。其實不管我有沒有跟津田妹說那些話，也不管長谷是否舌燦蓮花，合不來就是合不來，我一看就知道了。姑且不論他們的結果如何，能和長谷成為好朋友，是我最開心的事。

那天之後，我和長谷愈走愈近，我們交好的程度讓周遭同學都紛紛議論起「那兩人可能有一腿」的八卦。當然，我們並不像傳聞那樣，但不知不覺間，我的雙眼已離不開長谷，一直跟隨著他的身影。

心動不已的溫泉酷刑

長谷還是一心喜歡津田妹，他經常跟我說津田妹有多好、津田妹有多美，也無數次地向我表明他炙熱的愛戀之情，但我每次都澆長谷冷水，勸他放棄。我告訴他：「談什麼戀愛，高中就要和麻吉死黨一起歌頌青春，製造回憶啊！」

我和長谷經常一起出去玩，成為莫逆之交。

長谷喜歡到處泡溫泉、洗公共澡堂。我們不只是學校附近溫泉設施的常客，偶爾也會出遠門，去大型的溫泉休閒渡假村，或到定山溪溫泉[2]旅行住宿。

這一天，我和長谷一起來到溫泉休閒渡假村。這個渡假村的規模很大，有各種不同溫泉設施。我比長谷先洗完澡，走出淋浴間，四處打量該泡哪一種溫泉。走著走著，看到一處很棒的溫泉池，那是一個小小的木桶溫泉，大小正好適合一個成人泡。

2　定山溪溫泉：日本北海道札幌市南區的溫泉區。

我剛泡進木桶溫泉，長谷也洗完澡，走到我身邊。我以為他要泡木桶溫泉旁邊的大浴池，沒想到他竟擠進我的木桶溫泉裡。

木桶溫泉的大小只夠一個成人泡，兩個人泡太擠了，但長谷似乎不以為意。

好不容易才喬到兩人都能泡的位置，我們對坐著，互相夾著對方的一條腿。即使這麼坐，位子也很擠，我的腳背都有意無意地碰觸到長谷的神祕地帶了！不過，他還是一副不以為意的樣子。不知道是沒發現自己的神祕地帶被我的腳碰到，還是覺得就算碰到也無所謂。無論如何，現在的狀態對我來說是天堂般的地獄，不，這已經到達酷刑的地步了！

就算我想放空，讓心進入「無」的狀態，我的精神完全專注在腳背碰觸到的地方。我忍不住想我的腳背到底碰觸到長谷兩腿之間的哪個部位？一定是那裡……嗚嗚，老天為什麼要這樣折磨我！

我的兩腿之間膨脹到快要爆裂了。

得想辦法轉移焦點才行，不知道誰跟我說過，這種時候只要專心想爺爺就好。爺爺……爺爺……爺爺的小雞雞……長谷的小雞雞……啊，不對！

我滿腦子都是長谷的小雞雞，看來只有異性戀在這種時候想到爺爺才會陽痿，這一招對我沒用。既然如此，那就換別招……

可愛的小嬰兒……燦笑的小嬰兒……長谷的小嬰兒……和長谷做愛生下的小嬰兒、長谷的小雞雞……啊，我沒救了！

我滿腦子都是腳背碰觸到的長谷的小雞雞，已經沒辦法澆熄我那脹大陽具的慾火了！

要是長谷這個時候稍微動一下身體，腳碰到我的「東西」，我的人生就完了。但我也不能離開木桶溫泉，要是我現在起身移到其他浴池，長谷就會看到我兩腿之間現在的模樣。更糟的是，我們之間的距離太近了，我一站起來，那個東西便會直接打在長谷的臉上。總而言之，我現在的狀況根本動彈不得。如果他發現我正處於興奮狀態，一定會罵我：「七崎，你泡男湯幹什麼勃起啊！你真是個變態。難道你喜歡男的？我才不想和同性戀做朋友！」

這是我擔心的事情。要是到了這一步，我的人生就完了。以後我不是背負變態的罵名苟活，就是必須去死，現在可是攸關人生的重要時刻。就在這時，長谷正好起身，離開木桶。

在這千鈞一髮之際，我趕緊側身，避免長谷的腳碰到我的兩腿之間。我好不容易才從剛剛尷尬的場景脫身，腳背上還殘留著長谷的觸感，所以一時之間無法離開木桶溫泉。事實上，當時的觸感我到現在還記得很清楚。

凌晨四點的冒險

長谷喜歡大自然和冒險。我們一起經歷了許多冒險，其中令我印象最深刻的是在某個夏天深夜，我們偷偷溜出家門，跑去登山，只為了看日出。

那天半夜，我趁著家人熟睡的時候，一手拿著手電筒偷偷溜出去。我發了一封手機郵件給長谷，告訴他我成功脫逃了，接著趕緊跑到我們約好的公園會合。

這一天的冒險隊隊員包括長谷、我、阿星和納美克（因為長得像納美克星人，所以叫納美克）。

我到達事先約好的公園時，長谷與阿星已經在那裡了。但過了約定好的時間，納美克卻沒出現。我們擔心如果再等下去，會趕不上日出，於是決定放納美克鴿子。雖然對他很不好意思，但也沒辦法。阿星和納美克原本就是死黨，看他沒來，忍不住脫口說：「納美克這個叛徒。」看起來有些落寞。

我們要爬的圓山不是危險的大山，登山小徑上有幾尊地藏王菩薩，素有札幌八十八所之稱，就像靈山一般。三人都帶了手電筒，但山中沒有任何戶外燈，伸手不見五指。即使如此，我們仍然摸黑，在許多地藏王菩薩的守護下登山。有些地藏王菩薩沒有頭，這麼說有些冒犯，但或許是因為和自己最喜歡的長谷在一起的關係，我並不害怕，也不認為有這個想法會褻瀆神明。

長谷在途中對著每一尊地藏王菩薩祈願：「保佑我和津田順利交往，拜託了。」我和阿星走在他後面，阿星問：「長谷還在喜歡津田啊？」

「好像是這樣，雖然津田說不可能。」我故意提高聲量，讓長谷聽見。

阿星笑長谷。「好可憐，」還對他說，「放棄也很重要。」

我在一旁點頭稱是。

「吵死了，我追不到津田都是七崎害的！都是七崎一開始就對津田說我喜歡她才會這樣！」長谷認為津田之所以對他沒興趣，都是我多嘴的關係。

「不會吧！這招也太猛了，不過很像七崎的作風。就算我有喜歡的人，我也不會和七崎商量。」阿星說。

「是嗎？為什麼？你這樣說太過分了。阿星，你有喜歡的人嗎？」我問。
「有啊，不過完全沒希望。七崎，你有喜歡的人嗎？」

「我喜歡長谷——」

要是我當場這麼回答，結果不知會怎樣？我喜歡長谷，這是無法改變的事實，但我一直告訴自己我不喜歡他。男生不應該喜歡男生，我對長谷只是一時的迷戀，一定是哪裡搞錯了……

我回答：「我才沒有喜歡的人呢！我對談戀愛沒興趣，和朋友一起出去玩很開心，根本不需要女朋友。」

沒錯，我只要和長谷做「朋友」，以朋友的身分和他在一起就很滿足了。我不會交女友，也不希望長谷有女朋友。這是我最真實的想法。
「七崎沒有喜歡過人，不了解我們的心情。」長谷走在前頭說。

我聽了很生氣，因為我喜歡的人就是長谷，都是他害我這麼痛苦！可是他卻不明白我的心情！他可曾想過，每次他和我談到津田妹，我是什麼樣的心情？又可曾想過，他對我好的時候，我是什麼樣的心情？

我負氣地說：「我才不想了解長谷的心情，也不需要喜歡的人。」

「不過，如果七崎是女孩子，我們倆就交往吧。」

又來了，長谷說這種話不僅讓我飛上天堂，也讓我墜入地獄。他無心的一句話，總是攪得我的心忽喜忽憂。說什麼如果我是女孩就和我交往，這種話聽起來是很開心，可是我生來就是男孩子，所以這種話對我來說，就是拐個彎告訴我「我絕對不會和你交往」。為什麼我是男生呢？出錯的不是我喜歡長谷，而是我出生時的性別。

阿星說：「長谷和七崎確實挺配的。」

「我要是女孩子，才看不上長谷呢！」

雖然嘴上這麼說，但一想到如果我生來是女孩，說不定就會和長谷交往了，不禁感到悲從中來。我在漆黑的夜裡走在兩旁有地藏王菩薩守護的山徑，思考著為什麼我生下來就是個男孩子。

說不定人類在出生前，會向天神提出各種書面申請。申請書裡羅列了許多項目，包括出生的國家、人種、性別等細節。我的申請書一定有疏漏，我才會充滿女性特質，才會喜歡長谷。可惜我已經出生，沒辦法修正疏漏之處，所以我不能再喜歡長谷。這是不對的事情，這只是一時的意亂情迷，撐過現在就不會痛苦了。

可我也忍不住想，要是我這一輩子都這樣，那該怎麼辦？要是我一輩子都這麼痛苦，那該怎麼辦？倒不如早點死了還比較痛快。

死了之後，我要對天神說：「我的申請書寫錯了！」接著好好地重寫一份申請書，讓自己以女孩子的身分出生，這樣一來，長谷一定會喜歡我。要是能這樣，那該有多幸福？不過，我重生的時候，還能再見到大家嗎？還能再見到我的媽媽、爸爸，和長谷嗎？

我默默地往山上走，或許是因為我們的腳步聲太大，烏鴉生氣地鳴叫。就在這個時候，我們看到了山頂，三人開心地大叫、歡呼，一鼓作氣衝上去。

山頂十分廣闊平坦，再一會兒太陽就要出來了。我們坐在一塊大岩石上，彼此出言慰勞剛剛爬山的辛苦，等待旭日東昇。

東方的天空開始出現淡藍色到橘色的漸層光輝，城鎮的街道映入眼簾，那是我們居住的札幌街頭。不曉得還在睡夢中的城鎮裡住了多少人？大家都在煩惱什麼？又是什麼樣的事情能讓他們感到幸福？

我相信住在這裡的所有居民，一定都有自己的煩惱，即使如此，仍拚命地找尋幸福。活著真的很辛苦，不只是我，相信大家都是一樣的。

太陽急匆匆地往上升，溫暖的日光灑滿整個街頭，也灑在我身上，不僅如此，我的心也被照得暖呼呼的。我在心中對著太陽發誓：「我知道你在鼓勵我活下去。雖然很辛苦，但我會好好度過我的人生。這是我跟你的約定。」

原本被我們吵醒而發怒的烏鴉，也在太陽升起後變得十分歡喜，開心的叫聲彷彿在說：「快點出去玩吧！」

「這裡蚊子也太多了吧！七崎的腳上有好多蚊子在盯，你不癢嗎？」阿星一邊用手趕走蚊子，一邊對我說。

我回：「不癢，蚊蟲也是我的朋友。」

今天早晨的感覺真舒服，我們三人的心情都很祥和。我伸手拍打停在我腳上的蚊子，長谷抓住我的手說：「不要殺自己的朋友！你剛剛不是說蚊蟲是你的朋友嗎？」

長谷一說完，我們三人都笑了出來。我在內心大喊：「長谷，我喜歡你！」但另一方面，我自己也不想承認喜歡長谷的心意。我心中有許多搞不清的煩惱，但現在的我很幸福。

此時，長谷提議：「要不要從沒有路的地方下山？」

長谷的冒險精神又犯了，不過我和阿星都附和他的提議。

長谷帶頭撥開雜草往前走，我們就這樣走在沒有路徑的山裡，聊著毫無意義的話題，開懷大笑地走下山。從未見過的美麗花朵在深山裡盛開，我們忍不住停下腳步，欣賞了一會兒，接著繼續往沒有路徑的方向走去。

人生就像冒險，前方或許會遇到危險，但也可能遇到美麗的花朵。儘管不知道未來會發生什麼事，但我要像現在這樣充分享受「眼前的這一刻」。我相信一切都會好轉的，這是我從今天的小冒險得到的體會。

當我們順利下山時，街上已經開始有人出來活動了。我們各自回家，準備換制服上學。我到家的時候，媽媽已經起床做早飯，她問我去哪裡，我說出去散步，還好媽媽沒再追問下去。

洗完澡、換好制服，吃過早餐後，我和小杏一起上學。一進教室，比我早到學校的阿星立刻跑過來對我說：「七崎，你聽我說！剛剛我問納美克失約的原因，原來他發生了超悲慘的事情，可是我不能說，你去問問他。」

於是我走到納美克的座位旁，問：「你昨天晚上怎麼沒來？」我一直以為他是偷溜出來時被爸媽抓到，當場被臭罵一頓。由於納美克的媽媽是家長會的幹事，行事作風十分有威嚴，因此我很擔心他的狀況。

只見納美克低著頭，完全不回答我的問題。

我又問：「你是不是被抓包，然後被罵了一頓？」

阿星露出詭異的笑容回答：「才不是呢，其實是他……不小心看到了。」

納美克瞪了阿星一眼，抱怨他多事，心不甘情不願地說出實情。

根據納美克的描述，他昨晚為了準時赴約正準備出門。一手拿著手電筒，打開房門的那一刻，做事格外謹慎小心的納美克想要確認父母是否已經入睡，於是走到父母的臥室前，無預警地打開房門。沒想到……竟親眼目睹父母做愛的場景。

「不會吧！他們發現你了嗎？」

納美克輕輕點了點頭。雖然納美克和他的父母都很值得同情，但我真的忍不住笑了出來。最後納美克只好默默地回到自己房間。我和阿星笑到肚子痛，納美克一臉慘綠地抗議：「你們兩個煩死了！」嘴角也不禁失守。

後來我安慰他：「這代表你爸媽感情好，是好事啊。」

納美克生氣地說：「不准你再提這件事！」

幾個小時後，長谷和阿星從學校被送到醫院急診。他們的手腳紅成一片，腫得跟豬蹄一樣。聽說送到醫院時，醫生問他們：「是不是有碰到樹漆？」

三人中只有我沒出現症狀，可能是因為我基於本能，走路時一直避開有樹漆的地方。

欣賞日出時，遠方的街上有各式各樣的人，想必每天上演著各種不同的人生劇碼。我相信他們的劇情都是幸福的，因為溫暖的太陽會守護所有人的人生。一想到這點，即使遇到不安、憂慮的時候，也能轉念思考，告訴自己：「沒問題，一切都會好起來的。」

情敵「愛」出現了！

上體育課時，為了方便同學換下體育服，老師通常會提早下課，所以只要長谷那一班上體育課，整堂課我都會從教室望著走廊，等著穿體育服的長谷走過我的教室前。雖然他經過我們班的時候，從來沒有探頭看進我的教室、尋找我的身影過，但我的心中早已有了「長谷即將經過教室」的期待，哪還有心情上課？當穿體育服的長谷走過教室的那一刻，我早已雀躍得不能自已。

正當我沉浸在幸福的日子，二年級的夏天出現了嚴重危機。長谷的班上有一個女同學大聲宣告她喜歡長谷，名字叫作「愛」。

小愛公開宣示喜歡長谷，這麼做的好處只有一個，就是讓身邊的人成為自己的助力。事實上，她也認為班上的女同學都會幫助自己。

我早就已經想過如果長谷和小愛交往會怎樣。我不喜歡這樣的情形，到時候長谷一定會和小愛天天膩在一起，和我相處的時間將大幅縮減。小愛就是國中時期的秀美……我不喜歡這樣，討厭到全身發抖。我才不想將長谷交給小愛，看來，我得採取行動，避免他們交往。

我經常去一班找長谷玩，所以我知道小愛是誰。

「小愛，聽說妳喜歡長谷？」我開門見山，直搗黃龍。

「為什麼連小七也知道？真是討厭！」

真是個做作的女人！還在給我開玩笑？妳都公開示愛了，裝什麼裝！妳敲鑼打鼓不就是為了要大家幫妳嗎？再說，以我跟長谷的交情，我怎麼可能不知道妳喜歡長谷的事情？

「妳喜歡長谷的哪一點呀？」

「嗯，哪一點呢……我就是在不知不覺中喜歡上他了。」

「這樣啊，真希望你們能順利交往，我會為妳加油的。」其實我內心想的是，我一定會扯妳後腿的。

「不過，長谷喜歡津田同學，我沒什麼信心……」小愛說。

「放心，津田妹對長谷沒意思，妳不用擔心，有什麼事儘管找我商量。」

雖然我想盡全力避免長谷和小愛交往，但其實我心裡是羨慕她的。可以對自己喜歡的人說出「我喜歡你」，那不知道是什麼感覺？

朋友都知道自己喜歡某個人，不知道是什麼感覺？

有人在背後支持自己勇敢追愛，不知道是什麼感覺？

我喜歡長谷，但我也害怕承認這一點，更怕找人傾訴自己的心情。雖然我喜歡長谷，但我也一直告訴自己這只是一時意亂情迷。大方說出「我喜歡長谷」的小愛，真是個厚臉皮的女孩啊！

放學後我和長谷一起回家，路上說起了小愛的事。

「長谷，你認為小愛怎麼樣？」

「我知道她對外說喜歡我。」長谷說。

「嗯，她是這麼說的。你會跟她交往嗎？」

「要是我喜歡她，我相信我們會很幸福。可惜事實並非如此，她不是津田。」

「說得也是，津田妹是大美女。不過，如果你對津田妹死心的話，會不會和小愛交往？」

「這個嘛……我也不知道。她是個好女孩，我認為如果可以喜歡上她，一定會很幸福。」

「你也沒必要勉強自己喜歡她啊，我覺得你跟小愛一點也不配。再說，要是大家知道你本來喜歡的是超級大美女津田妹，後來卻變心跟小愛交往，大家會覺得你根本見一個愛一個。」

當知道有個人喜歡自己時，難免會開始注意起對方，最後還誤以為自己也喜歡對方，這樣的陰錯陽差所在多有。我很擔心長谷會不會也這樣，但目前看來他對小愛並沒有太大興趣，暫時可以放心。唯一可以確定的是，我一定要特別注意小愛，不能掉以輕心。

有一次放學後，我去一班找長谷，發現小愛正在看打工情報誌。

我問她：「小愛，妳要打工嗎？」

「是啊，我在找打工的機會。」

我探頭看了一下雜誌內容，小愛特別圈起了一個徵人廣告。

我驚呼：「這個健康休閒館就在長谷家前面耶！如果妳要去這裡打工，我也一起去。」

就這樣，我和小愛一起在健康休閒館的大廳打工。雖然小愛是我的情敵，但她真的是個好女孩，長谷說得一點也沒錯。除了我和小愛之外，與我同班的阿翔、一班的由貴以及三班的敦子也在同一家健康休閒館打工。

和同學一起打工的生活相當充實，到健康休閒館消費的客人也很關照我們，可說是最好的工作。但如此一來，我根本沒時間跟長谷相處，經常在想他現在在做什麼。

就在這個時候，長谷交了女朋友，而對方並不是我緊盯著的小愛。

化身為惡魔的我

長谷的女朋友叫作「滿美」，她跟我們同年，但國中畢業後沒有上高中，而是在八大行業工作。我猜她應該是謊報年齡，才能在那樣的行業中工作。據我所知，滿美過去曾經跟我一年級的同班同學森木交往，和森木分手後，轉頭就跟長谷成為男女朋友（森木、長谷和滿美是同一所國中畢業）。

我跑去問森木：「森木！滿美被長谷搶走，你不嘔嗎？為什麼要跟滿美分手呢？」

「我才不嘔呢！那傢伙和我交往時到處劈腿，根本就是個浪女。分手了我反而輕鬆，而且長谷似乎不介意她的過去。」

一句「不介意她的過去」就想敷衍了事嗎？我絕對不會讓那個渣女欺騙長谷！

「森木你這個渾蛋！你輕鬆了倒好，如今事情變成這樣，你要怎麼處理？這一切都是你的錯！」我已經失去理智，忍不住發飆。

「你在說什麼啊？七崎，冷靜一點，發生什麼事了？」

「森木，你現在立刻去找長谷，跟他說你被劈腿的事情，告訴他滿美根本是渣女！你要以朋友的身分，勸他不要跟滿美交往，快去！」

「我才不要，這件事跟我無關。再說，滿美的過去他全都知道啊。」

「什麼知道不知道的，那長谷為什麼要跟那樣的浪女交往啊！」

「我哪知道啊！我才不想插手管這件事，抱歉。」

「森木，你不說，我去說，你這個笨蛋！」

長谷竟然跟那樣的壞女人交往，他一定是被騙了，得要有人告訴他那個壞女人的本性才行，趁現在還來得及。

我立刻跑到長谷的教室找他。

「長谷！森木告訴我，滿美在跟他交往的時候到處劈腿，根本是個渣女！」

「喔，這個啊，我早就知道了。」

「既然如此，為什麼還要跟那種女人交往？」

「七崎，你只聽到森木單方面的說法，其實滿美也有她的苦衷。那是因為森木對滿美很冷淡，她才會劈腿，而且她也很後悔自己做的事情。我會好好珍惜滿美，不管別人說什麼，我都相信她。」

珍惜？相信？我聽了就覺得噁心。我絕對不能退縮，身為長谷的朋友，我有權阻止他跟奇怪的女人交往。

「長谷，你不是認真的吧？」

「七崎，你沒有喜歡過人，所以不了解我的心情……」

「我是真的不知道，原來喜歡一個人就會變成笨蛋嗎？長谷，現在的你是個大笨蛋，和那樣的女人交往，你根本燒壞了腦子，我不能理解！」

「我也不期待你能理解，七崎，你是個無情的人。其他人知道我交女朋友都很為我開心，可是你……」

「對不起，可是……我高興不起來。」

「雖然你現在這麼說，但只要和滿美一起出去玩，你一定會和她成為好朋友，我覺得你們兩個很合得來。」

「如果能當朋友就算了，不過我完全沒信心，我不認為我們合得來。我希望你冷靜一下，身為你的朋友，我只是希望你幸福。」

不冷靜的其實是我，小愛的心境應該跟我一樣，卻沒像我那麼躁動。其實我希望的不是長谷幸福，而是不希望他成為別人的男人，就是這一點讓我痛苦。

長谷又說：「我打算和滿美去應徵健康休閒館的工作，如果我們都錄取了，就可以和大家一起打工了。我希望你能和滿美成為好朋友。」

我很高興長谷要去我打工的地方應徵，但我希望只有他錄取。

可惜天不從人願，面試的結果是長谷落馬、滿美錄取。這是老天在捉弄我嗎？小小一間健康休閒館，聚集了三個喜歡長谷的人——我、小愛和滿美。

在我忙著嫉妒小愛的時候，滿美竟然抓住了長谷的心。儘管我有很多女性閨密，但對於情敵滿美，我的心中充滿了恨。正因如此，滿美正式上工之後，我一直不理她。

由於滿美不是學生，她與我們打工的時間不大一樣。有一天，我們上班的時候正好遇到剛上完班、換下制服的滿美坐在休息室裡休息。我沒正眼看她，但還是跟她打了招呼。

我一邊脫下身上的學校制服，換上打工時穿的制服，心情十分煩躁。我完全不想看到滿美，她是從我身邊奪走長谷的女人，也是讓我和長谷快樂的高中生活蒙上陰影的罪魁禍首。這種女人入侵我打工的地方，現在就坐在我的眼前，我真的很生氣。話說回來，我確實很在意長谷和滿美交往的事實，或許滿美到這裡打工對我來說反而有利，我就可以透過這層關係知道長谷的一切。只要和長谷有關的事情我都想知道，包括他去哪裡約會，約會時做了什麼事情……

我打算將討厭滿美的情緒擺在一邊，好好利用她。換完衣服後，我試著和滿美搭話。

「滿美，妳和長谷還順利嗎？」

滿美開心地說：「嗯！我昨天和長谷約會了，等一下還要去找他過夜。」

「什麼？過夜？所以今晚是你們的第一次嗎？」

「才不是呢，我們早就做過了。長谷第一次做的時候太緊張，站不起來，真是糟透了。」

我的心臟像是被人擰住了一般痛苦，好想吐。

「這樣啊……真是太遺憾了。」

「害我想乾脆和他分手算了！」

趕快分手，消失在我眼前，消失在這個地球上！

滿美接著又說：「不過，他現在技巧愈來愈好了。和他做愛感覺很不錯，漸入佳境。」

「是不是有種『非長谷不可』的感覺？」

「沒錯，非他不可。」

滿美的個性真是直率，對別人完全沒有戒心。不過，我還是想從她嘴裡套出他們兩個可能分手的跡象。

「話說回來，森木說妳和他交往期間到處劈腿，妳現在該不會除了長谷之外，還有其他男人吧？」

「那個時候發生了許多事情，一言難盡……我不會再犯了，長谷對我來說是很重要的人。」

「這樣啊，加油喔。」我趕緊結束這個話題，滿美滿臉笑意地點點頭。

聽她說起長谷，反而讓我痛苦，那天打工時，我滿腦子都在想「長谷與滿美現在在做什麼」……

自從我和長谷成為死黨，每天都玩在一起，但他和滿美交往後，完全沒時間找我出去。我約了他好幾次，他都沒空，即使如此，我還是鍥而不捨地找他。

「我們今天約好了要去唱歌，你要不要一起去？」

「我和滿美有約，祝你們玩得愉快！」

沒有長谷的時間，對我來說好空虛。就算身邊有很多朋友，就算我和大家一起享受玩樂，我心中的空洞仍然填不滿。我好像變成了一個沒有長谷，就忘記什麼是「快樂」的人。每當我獨自一人，眼淚就止不住地掉下來。這樣的日子過了好久。

某天夜裡，我實在難過得不知如何是好，決定打電話給長谷。

「喂，長谷，你現在一個人嗎？」

「是啊，我一個人，怎麼了？」

「最近你都沒時間跟我出去玩，我覺得好寂寞喔。」我鼓起勇氣，說出心裡的話。

「七崎，你也去交個女朋友啊！你真的沒有喜歡的人嗎？」

「我才不需要女朋友，我沒有喜歡的人！我只想和你出去玩，你卻只顧著女朋友，我真的很生氣！」

「你只是感到寂寞而已，交女朋友絕對對你有好處。等你有了女朋友，你就會明白我的心情。有了女朋友之後，只會一心想和女朋友見面，根本不想浪費時間和朋友出去玩。我想你不會明白我這樣的心情。」

「和我一起出去玩是浪費時間嗎？你只想和女朋友在一起嗎？」

「大家都是這麼想的，有女朋友的人都是這樣的心情。七崎，你沒愛過別人，所以不能理解。」

我忍不住哭了出來，我感覺心裡的理智線完全斷裂，於是將心裡的話一股腦兒全說了出來。「你被那種壞女人要得團團轉的心情我才不想理解！我最討厭滿美了，我也最討厭喜歡滿美的你！如果你不和滿美分手，我們就絕交！」

我感覺到自己正逐漸失去理智。

「和我絕交……七崎，你到底怎麼了？你太奇怪了吧？沒有人會對朋友說這些話。除了你之外，其他人對我交女友這件事都是祝福的，為什麼你不能為我感到開心呢？七崎……你要不要去看醫生？你最近變得好奇怪喔。」

奇怪。沒錯，我不對勁，我自己也知道這一點。

「你才應該去醫院看病呢！你得了女友上癮症，每天只想著滿美……那個爛女人！長谷，你也一樣爛，你們兩個都去死好了，還是乾脆我去死好了！」

我已經失控，幾乎到了一哭二鬧三上吊的地步。

「你冷靜一點！這樣好了，我去醫院，請醫生幫我看女友上癮症，你要不要和我一起去？我們一起去看醫生，好不好？七崎，我很擔心你，你已經胡言亂語了，你知道嗎？」

在這種情形下，他還是那麼善良。長谷說得對，自從他交女友之後，我變得很奇怪，不僅感受不到幸福，還成天哭個不停。我心中充滿了陰冷沉重的情緒，連我都不禁懷疑，為什麼我會變得如此令人厭惡？與其去看醫生，找巫師驅魔可能還比較有效。只不過，如果要從我身體裡驅走惡魔，驅走的可能會是我自己。

即使我已失去理智，也不能去醫院，一旦去了，說不定就證明我確實喜歡男生。「確診」之後，我不敢想像會接受什麼樣的治療？一想到這裡，我不僅怕驅魔，也怕去醫院。我只能靠自己。

「我不去……醫院，我沒事了……我只是有點失常，對不起。」

我到底怎麼了？眼淚不停地流，滿腦子都是長谷。我才剛剛掛上電話，就想再聽聽他的聲音。他覺得我最近變得很奇怪，很為我擔心，我很高興他如此擔心我。說不定在掛上電話後，他會因為擔心再次打電話給我。我忍不住這麼想，帶著期待的心情打開手機，發現長谷既沒打來，也沒寫郵件關心我。說不定他現在正在跟滿美講電話，一想到這裡，我的心又痛了。只有我的心狂亂失控，失心的我化身為妖怪惡魔，滿心憎恨、怨恨、懊悔、寂寥與痛苦，這樣的苦難何時才能停止？

如果我沒遇見長谷，就不會如此痛苦了。可是，我想不起遇見他之前，我是什麼樣子？在遇見長谷之前，我會為了什麼事而笑？為了什麼事感到開心？

為了什麼事心懷感謝？這些我都想不起來了。遇見長谷之後，我變得愈來愈貪婪。可是，我只想回到他交女友之前的世界，像以前那樣和他在一起而已；像以前那樣一起出去玩、泡溫泉、登山冒險，與長谷度過快樂的時光，我想要的就是這些而已，沒有其他的了。

正因為長谷在我身邊，和他一起登山時，我在山上才能感受到希望；現在的我失去了長谷，完全找不到希望。

我的人生為什麼如此坎坷？好不容易遇見自己喜歡的人，最後對方卻交了女朋友。我這一輩子是否注定就這麼孤單下去？想到這一點，眼淚又止不住地落下來。

兩腿間的泡沫

從那一晚打電話給長谷哭鬧之後，又過了幾天。長谷說服我去看醫生，但我不想去，我不希望被醫生診斷出「自己不想被別人知道」的事情。

除了長谷之外，還有其他人也發現我最近怪怪的。我到學校上課的時候，同班好友阿翔觀察我的臉色，小心翼翼地對我說：「七崎，你最近沒什麼精神，是不是發生了什麼事？」

他的話讓我放下心來，雖然我並不想引起大家的注意，但大家看我只是覺得我沒什麼精神，並不覺得我瘋了。不過，害大家擔心，我還是有些過意不去。要是能和阿翔聊聊，該有多好？我好想告訴阿翔，其實我一直很害怕自己是個喜歡男性的變態。我喜歡長谷，這件事讓我相當煩惱；他交了女友，讓我相當痛苦。

可是，我沒有勇氣說出這些。

「我看起來沒精神嗎？沒事啦，我只是有點累而已，我很好！」

我對自己的死黨說謊，儘管臉上帶著笑容，但我不知道自己看起來是不是真的在笑。我無法看著阿翔的眼睛說話。

「那太好了！如果你有什麼心事，一定要跟我說喔，不要跟我客氣！」

「沒問題，要是我有什麼心事，一定會找你商量的。」

我順著阿翔的話回答，不想讓他擔心。

自從那通電話之後，長谷一直告訴我交女朋友的好處。他以為我是因為沒有女友，感到孤獨，精神狀態才會不穩定。我明白他是為我好才會勸我交女友，但他說的每句話都刺痛了我的心。

「當你交了女友，你滿腦子都是她，想要隨時見到她。七崎，你需要一個讓你思念的人，只要你願意，你一定馬上就能交到女友！」

「長谷，你現在也想見滿美嗎？」

「當然嘍！七崎，我希望你也能遇到你喜歡的女孩。」

我當然知道長谷現在滿腦子都是滿美，就像我現在滿腦子都是他一樣。

「我不想交女朋友，談戀愛最無聊了！我只要有朋友就夠了，我只要長谷當我的朋友……」

「七崎，你想一輩子都當處男嗎？」

長谷抓著我的雙肩，用力搖晃。這一陣子以來我每天哭，但他搖晃我的雙肩竟讓我感到無比幸福，我對這樣的自己感到害怕。

我語氣堅定地說：「我不在意，我一輩子都是處男也沒關係！」

我長這麼大，從未對女性有任何性方面的慾望。我會看黃色書刊自慰，但從未因為看到女性裸體而興奮。書刊裡若有男性，我會忍不住盯著男人的裸體看。與其看只有女人的照片，我還情願看大衛像。話說回來，這個世界上的男性裸體照，遠比女性裸體照少得多。所以我每次看黃色書刊，都只能想像「這個女人和什麼樣的男人上床」、「和男人上床是什麼樣的感覺」……

無論長谷怎麼跟我說談戀愛有多好，我都聽不進去。對我來說，和長谷一起度過的時間才是最幸福的。

「我知道了，我不勉強你。對了，要不要去泡溫泉？」長谷一直勸我交女朋友，就是為了穩定我的情緒，從他說的這些話來看，似乎打消了這個念頭。

「好啊，要去哪裡的溫泉？」我的心撲通撲通地跳，已經好久沒和長谷單獨出去玩了。

長谷想去的地方是滿美打工的健康休閒館，我猜他是想去那裡泡溫泉，順便等滿美下班。由於那裡也是我打工的地方，我可以免費泡溫泉。我付了一半的錢購買長谷的入場券，一起去浴池泡溫泉。

我最開心的事情就是和我最愛的長谷在一起，別無所求。

一起泡溫泉的時候，我盡量不看他的裸體。沒想到，我們在沖洗區清洗身體的時候發生了一件事。

長谷突然從沖洗區的椅子上站起來，對我說：「喂，七崎，你看！」我看向長谷，他赤裸裸的身體就在眼前。只見他用手指著自己的兩腿之間。我看到兩排明顯的腹肌，肚臍下方還有一排淡淡的體毛，往下連著陰毛。接著，我看到長谷的陰莖受到重力影響往下垂，他的陰莖正好就在我的眼前……不，應該說正好就在我的嘴巴前方。不知道為什麼，我竟然聯想到牛頓的蘋果（為什麼陰莖會往下垂呢……）。

當時我們正在洗澡，長谷的裸體還留著些許泡沫，我好想變成那些泡沫，就這樣消失在他的身上。

我問長谷：「怎麼了？」

長谷還站得直挺挺的，要我看他兩腿之間的東西。

「自從做愛之後，我發現我的小弟弟變大了，你覺得呢？」

此時我只要伸出手就能摸到長谷的分身，但我必須假裝冷靜，從容應對。

「我以前又沒看過，怎麼會知道？不過，我覺得你的和我的完全不一樣。」

我看著自己的陰莖，又看了一下他的，無論是形狀、大小、顏色和陰毛排列的方式都不相同。我的陰莖比較服貼身體（不受到重力影響），不像長谷的直直往下垂，看起來沉甸甸的。

「我覺得真的變大了！而且做過之後，就算讓別人看見自己的裸體也不會覺得害羞。你差不多也該擺脫處男身分了，趕快交個女朋友吧，好不好？」長谷都做到這個地步了，我也只能說：「好，我會考慮看看。」但我的腦海裡都是長谷的陰莖。那是高中二年級的秋天。

東京雙人床

升上高三之後，我必須好好思考畢業後要做什麼。我很喜歡看電影和外國連續劇，想從事影視相關行業。有一次我帶菸到學校被老師抓到，學校罰我停學幾週，那段期間我看了許多電影和外國連續劇。這麼說雖然有點不合適，但那段期間我真的很幸福。後來我找到一間位於東京的電影專門學校，想去那裡看看。我和長谷說起這件事，他竟然說也想一起去，於是在那年夏天，我進行了有生以來第一次的學校觀摩兼東京旅行。

我們走進新千歲機場的登機門，幾小時後降落在羽田機場。一下飛機就感受到又溼又熱的酷暑氣候。

長谷興奮地大叫：「這就是人家說的梅雨啊！」

「梅雨，耶！」

由於北海道沒有梅雨，這是我們兩人人生中第一次的梅雨體驗。

接著，我們坐上單軌電車。

「單軌電車，耶！」

我們在單軌電車裡，看見車窗外一棟棟蓋得很密集的高樓大廈。東京的一切對我們來說都很新奇，我第一次看到瓦片屋頂的房子，也第一次看到從土裡長出來的竹子，還有全家便利商店（現在北海道已經有全家，但那個時候還沒有）。全東京只有我們大喊：「全家便利商店，耶！」還在店門口拍紀念照。最令我們驚奇的是路邊的公園種著椰子樹，我一直以為椰子樹是南方國家才有的樹木，沒想到東京隨便一座公園就有椰子樹。我覺得椰子樹並不適合日本的景色，但還是覺得很特別，我們輪流抱著椰子樹拍紀念照。

抵達旅館辦理入住手續，櫃台的男性工作人員看了看我們兩個，接著說：「您預定的是一張雙人床的房間，需要幫兩位改成兩張單人床的房型嗎？如果換成兩張單人床的房型，兩位可以各自睡一張床。」

閉嘴，誰要你雞婆，我要和長谷睡同一張床！——雖然我很想這麼說，但長谷立刻回答：「好，請幫我們換，謝謝你。」

我策畫已久的小心機就這麼毀了……東京旅館的櫃台人員根本是披著親切外衣，內心沒血沒淚的傢伙！

那天晚上，長谷就穿著一條四角褲睡在隔壁床上，害我一夜無法成眠。寬鬆的四角褲到處都是縫隙，很容易走光。我終於體會到什麼是活受罪。

我閉上雙眼又睜開，心裡想著：「現在睡的話，我可以睡五個小時……」「現在睡的話，我可以睡三個小時……」「我得快點睡著，就算只睡三十分鐘也好……」回過神來才發現，原來我一直在看著長谷。時間逐漸過去，我聽見鬧鐘響起的聲音。

長谷被鬧鐘叫醒，從床上起來，我趕緊閉上雙眼。他轉身翻到我的床上，跨坐在我身上，盯著我假裝睡著的臉，對我說：「七崎，起床嘍！已經早上了。」我裝成剛剛睡醒的模樣，對長谷說：「早安，我還想睡……」

當天參加的學校說明會，我一句話也沒聽進去。

指定座位是男生大腿

後來，我順利得到電影專門學校的就讀資格。我的高中導師對我說：「七崎去東京之後，北海道就天下太平了。班上其他同學還要參加考試，不要干擾他們喔。」

儘管現在看來有些突兀，但當時我迷上了哈利波特，所以總戴著綠色隱形眼鏡上學，因為原作中的哈利有著綠色的眼睛。

學校禁止戴彩色隱形眼鏡，導師已經警告我好幾次。他會走到我的座位，一腳踢開我的桌子，大罵：「看著我，你又戴彩色隱形眼鏡！現在立刻摘下來！」老師只是盡他的職責，並沒有錯。

還有一件事。我坐在最後一個位子，後方就是垃圾桶。我總是在上課時，頭也不回地將垃圾往後丟進垃圾桶。有一次正好是教學觀摩日，我不經意地又做了相同的行為。

來班上參加教學觀摩的家長就站在我身後，家長會其中一名媽媽跟導師告狀：「七崎同學向我丟垃圾。」導師說：「七崎絕不是會做出這種行為的小孩，他只是有點不專心，偶爾會做出奇怪的事情，但絕對不會故意向人丟垃圾。」想盡辦法安撫家長的心，想要大事化小，小事化無。

後來導師找我過去訓話。「瞧你闖的禍，昨天開家長會的時候可熱鬧了！」

「老師，對不起，可是我不記得有做這種事。」

「你真是氣死我了……不知道你長大後會變成什麼樣子，我真想看看！」

我也很想知道自己會變成什麼樣的大人。

高三的時候，我和班上同學的感情都很好，每次一到下課或午休時間，我就會坐在班上男同學的大腿上。只要我一坐下去，被我坐到大腿的男同學總會輕輕地用手扶著我，所以我很喜歡坐男生大腿。基本上，我坐遍了班上所有男同學的大腿。有一天下課時，我正要坐在某個男同學的大腿上。

對方突然說：「七崎，等一下，我的小弟弟翹起來了……呼，好了，可以坐上來了。」

他說要我坐，我當然就坐上去了。其他同學圍在我們身邊，那名男同學又說：「我和七崎是同性戀，對吧？」

幾乎所有同學都會留在北海道繼續升學，一想到我就要離開大家，心中不免感到落寞。不知道去了東京之後，會有什麼樣的日子等著我？我心中充滿期待和不安，但我仍然鼓勵自己，告訴自己：「東京正在呼喚我！」

我的前世

時間回到前往東京的幾個月前，那時候正掀起一股「靈性」風潮。我也會看書或電視節目，了解自己的靈光是什麼顏色，探索自己的前世今生。

我讀的書中，有一句美輪明宏[3]說的話。他說：「每個人生下來都有自己的使命，絕不可自我了斷。」這句話救了我無數次。正因如此，我想知道我的「使命」究竟是什麼。

「我為什麼出生？為什麼活著？」「我不喜歡什麼都不知道就走完人

生。」——漫畫家柳瀨嵩[4]說的這兩句話我也深感認同。

有天在我工作的健康休閒館裡，從事按摩工作的阿姨正好在休息室聊天。

「我請老師幫我看，她說我的靈光是紫色的！有紫色靈光的人最適合當療癒師，做讓人療癒的工作，好適合我喔，真準！」

我一聽就立刻插話：「阿姨，我也想請人幫我看我的靈光和前世，請問妳找誰看的呢？」

「那個老師很準，下次輪休時我介紹給你，我們可以一起去！」

到了諮詢當天，老師的店裡擠滿了對靈性感興趣的家庭主婦。大家喝著健康茶飲，一邊稱讚「這杯茶的力量好強」，你一言我一語的，十分熱鬧。只有我穿著詰襟制服，身邊全是家庭主婦，讓我有些退卻，而且我也喝不出茶的力量。我心想：「茶的力量……是兒茶素嗎？如果茶葉那麼厲害，直接吃茶葉不就好了……」但我絕不能在這個時候吐槽，只好裝乖坐在那裡。

那些家庭主婦都對我很友善，我也優雅地品茶。不久後，結束諮詢的老師也加入了喝茶的行列。老師親切和藹地與大家聊天，看到我的時候，不禁瞪大眼睛。「你……」

我緊盯著老師的眼睛，她面帶笑容接著說：「你身上有一條龍。」那些對靈性感興趣的家庭主婦當場議論紛紛，甚至還有人說：「真的耶！我都沒發現。」「昨天我看到天上有龍形的雲，真是不可思議！」

龍形的雲每天都有，有什麼好奇怪的？真是七嘴八舌的家庭主婦，我是來聽老師說話的。

我問：「我身上有一條龍，意思是我會遇到好事嗎？」

「這代表你不管到哪裡去都能化險為夷，只要你好好照顧這條龍，不久祂就會變成金色的。」老師回答

我還沒跟老師說我即將去東京讀書，聽她這麼說，我感到有點驚訝。「你不管到哪裡去都能化險為夷」這句話讓我放心許多，雖然我很想問老師：「我

---

3 美輪明宏（一九三五年五月十五日—）：日本創作歌手兼演員，其女性打扮最為人所知，為日本十分知名的變裝皇后。早年為當歌手前往東京，並在銀座打工時認識作家江戶川亂步、三島由紀夫等。

4 柳瀨嵩（一九一九年二月六日—二〇一三年十月十三日）：日本漫畫家、繪本作家與詩人，著名作品有《麵包超人》。

該餵什麼給龍吃？」但我決定閉嘴。

接著老師又問：「你喜歡男生嗎？」

她的表情看起來很認真，我試著以輕鬆的態度笑著回答：「我喜歡女生。」

老師怎麼會在大家面前問我這個問題？我當然只能說我喜歡女生。老師嚴肅地盯著我看，我在心中祈禱，希望她別再問下去了。

老師帶著微笑，點點頭。「那麼，我來看看你的前世吧！」

她帶我進入一個小房間，裡面又暗又小，但飄著香氣。或許是香味奏效的緣故，我覺得很放鬆。我按照老師的指示躺在沙發上，她開始看我的前世。

「法國……你是一名女性……走在森林裡……開始用腳踩葡萄……你是葡萄酒莊的女兒……接著是日本……我看到神社……你是個信仰堅定的武士……經常去神社……等一下，我知道了。你的前世也……前前世也……你過去的每一個前世都是一個人死去……」

透視前世到此結束。

老師看了我的前世之後，我唯一知道的事情是，我過去的每一個前世都是「一個人死去」。

「一個人死去」聽起來很悲慘，但我並不覺得震驚。

老師說的每句話聽在我耳裡，都像是在說別人的事情，與我無關。每個人死的時候不都是一個人嗎？我雖然是個高中生，但我認為這是自然的道理。

我的每一個前世都是「孤老終身」，我想我知道原因。說不定我一直都是喜歡同性的，懷抱著對於同性的愛戀死去。我猜想，或許我這一世也是同樣的結局。對了，老師說我的靈光是橘色的。

謝謝，再會，一切的一切

我一直很熱愛也很讚頌自由奔放的高中生活，就這樣順利從高中畢業了。

老師說我和阿翔都是低空飛過，勉強過關，但畢業就是畢業，我即將離開自己從小生長的北海道，前往東京展開新的人生旅程。

到東京讀書必須住一年的男生宿舍。剛開始需要父母幫忙處理一些事情，像是辦理入住手續等，所以媽媽和我一起去東京。

我離開那天，跟我交情好的健康休閒館的客人開了一台大車，載著朋友們還有一起打工的同學到機場送我，包括高中三年都和我同班的阿翔、過去的情敵小愛、一班的由貴和三班的敦子。

小學時期同校的女同學還到我家來向我道別。前往機場的車子裡還是像以前一樣歡笑聲不斷，大家都很配合，努力避免離別的傷感。

「七崎要是到東京後變成討人厭的都市痞子，那該怎麼辦？」阿翔故意嘻嘻哈哈地糗我。

小愛立刻回答：「小七一定會馬上變臉，對我說：『小愛這個土包子，不要靠近我。』真是差勁！」

敦子笑著說：「小七要是變這樣就不哩搞笑了。」

我忍不住吐槽：「敦子，在東京千萬別說『不哩』這兩個字，這是鄉下佬才說的用語，一定要改喔！」

「哇！現在就變成都市痞子了，不哩討人厭的，我生氣！」

「東京人不說『不哩』，那說什麼啊？是不是『滿』、『非常』啊？」

「話說回來，敦子是名符其實的鄉下人，妳家四周一到晚上就漆黑一片。」

「不要再說了，真是不哩討厭的！」

敦子輕輕打了一下由貴，笑得闔不攏嘴。大家你一言我一語，好不熱鬧。和他們在一起，即使是無聊的小事也會變得很好笑。

儘管氣氛很歡樂，但彼此都知道我們正一步步接近離別的登機口。大家心裡明白，這可能是我們最後一次這麼瘋了。

抵達登機口時，媽媽向來送別的眾人道謝，對我說：「我先進去。」便轉身走進登機口。

我一一跟所有人擁抱。

雖然早就說好要笑著道別，但敦子還是第一個哭了出來。看到她哭得臉皺成一團，我也跟著淚如雨下。

「有回來一定要跟我們聯絡喔！」小愛走到敦子身邊，對我說。

我回答：「我會的，一定會和你們聯絡！謝謝你們，我走了！」

我不斷回頭，看向站在登機口另一邊的所有人。

這是我第一次和媽媽一起坐飛機。起飛後，我從窗戶眺望北海道的大地，捨不得移開雙眼。那是養育我十八年的土地。

「謝謝你，北海道！謝謝你，我的朋友！我一定會回來的。」

飛機飛進了白雲之中。

抵達東京後，我們先到宿舍打招呼，接著和媽媽兩人一起外出購買必需品，辦好所有手續。宿舍雖然是單人房，但只有一張單人床和一張書桌，同一層樓有好多間狹窄的房間。浴室、廁所和洗衣房都是共用的，學生可以到食堂吃飯。

北海道經常積雪，柏油鋪設的道路偶爾才會露臉，但在東京，每天都能看見柏油路。

由於我們一天就辦好所有事情，因此第二天決定去迪士尼樂園玩。這是我有生以來第一次去樂園玩，眼前所有的一切都像是作夢一樣。

「灰姑娘城堡原來這麼大啊，我第一次看到！」

「良輔，其實你有來過迪士尼樂園喔，不過那時候你還在媽媽肚子裡。」

「那跟沒來一樣啊！媽，妳快看那個，那棵樹是四方形的耶！」

我看到一棵被修剪成四方形的樹，正感動之際，白天的遊行節目開始了。

「媽，今天有遊行耶！好像是什麼節日，我們真幸運！」

「迪士尼樂園每天都有遊行啊。」

「什麼！每天都有遊行嗎？」

這裡的一切打動了我的心，讓我興奮不已，但中午過後，媽媽似乎累了。

「良輔，媽媽穿這雙鞋腳好痛喔，我受不了了，我們回家好嗎？」

「什麼，我不要！妳要不要脫鞋，打赤腳走路？」

「我才不要呢！我想回家。」

「妳為什麼要穿這雙鞋啊？真是服了妳了，以後再也不和媽媽一起來迪士尼樂園了！」

在這種情形下，我們只好離開迪士尼樂園，回到宿舍附近一起吃飯。當天晚上媽媽就回北海道去了。

我很想再跟媽媽多相處一段時間，但她天生愛操心，一定要在飛機起飛前幾小時到機場等候才安心，所以早早就說要去機場。

我想送媽媽到機場，她卻說：「在這裡道別就好。」她盯著我看，對我說：

「你要好好念書，我走嘍。」雖然她臉上帶著笑容，但我知道她在忍著不哭。因為新鞋咬腳而疼痛不已的媽媽，小心翼翼地走上車站階梯。我目送著她，直到她的身影消失在我的眼前，媽媽一次也沒回頭看我。

第4章

初體驗變多了
煩惱果然也變多了

貓在看

我在東京展開了新生活，宿舍裡住著大約五十名男學生，大家來自各個學校，就讀的年級也不同。由於吃飯和洗澡時間是固定的，五十個人共用浴室顯得十分擁擠，只要六個人同時去洗澡，浴室就滿了。為了和別人錯開，我每天早上都偷偷到浴室洗澡。我從小就很難循規蹈矩，每次老師說「排成一列」，我就算用盡全力守規矩，最後也一定會突出隊伍之外，因此要我乖乖遵守生活公約，幾乎是不可能的事情。

不僅如此，我後來才知道其他同學都在浴室交朋友，大家早在我不知道的地方組成了一個個小團體。有些小團體看起來很和善，有些感覺不好惹，每次我經過感覺最凶狠的小團體旁邊，其中一人就會瞪著我看。當時我習慣去日曬沙龍將膚色曬黑，頭髮也染成淺色，我想對方一定認為我是個「愛現的傢伙」才盯上我。

我一直以為東京有許多打扮時髦的年輕人，看來事實並非如此。

剛開始還不習慣男生宿舍的生活，也還沒融入校園生活，我經常一個人待在房間裡滑手機。住在家裡的時候擔心被父母發現，也怕節外生枝，所以不敢看男性專屬的交友留言板；現在自己一個人住，可以放心瀏覽，上面有好多人留言。

沒想到這世上有這麼多「喜歡同性的男人」，我還以為在日本，這樣的人應該只有幾個。說不定日本就有一百個。想到這裡，我不禁興致勃勃。我相信東京一定也有「喜歡同性的男人」，於是在留言板寫下自己的資料。

「我住在東京，附近有人可以見面嗎？」

一寫完，很快就收到回覆。「請給我你的自介。」

我猜想自介應該就是自我簡介的簡稱。

「我的名字叫良輔，一九八七年出生，十八歲。北海道人，O型，天蠍座，身高一七八公分，體重五十七公斤。」

對方也留下自介。「一六八、八十、四十八、P十六。」

「咦？這些數字是什麼意思？」

「身高、體重、年齡和 Penis（陰莖）大小。我是個大叔，你想見我嗎？我家就在秋葉原站附近。」

我始終懷疑自己是個「喜歡同性的男人」，想著若能跟和我一樣的人聊聊，可能對我有幫助，於是我回覆：「好，我想見你，請多多指教！我現在就去秋葉原。」

東京不愧是國際大都市，能在這裡見到同性戀，我真是太開心了！我活到這麼大，還沒跟任何人談過我喜歡男性的事，我也懷疑自己是同性戀。這些困擾今天都有機會找人傾訴了，說不定還能找到治療方式，找到讓我自己接受的想法。不管怎樣，我現在要立刻奔向秋葉原站。

來車站接我的那個人，外表是個平凡的胖大叔。無論從行為舉止或說話語氣來看，他就是一個普通的胖大叔，和我在電視上看到的同性戀形象相差甚遠。我只在電視上看過同性戀，因此始終認為同性戀很愛湊熱鬧，舉止比我還更女性化，我不可能跟他們一樣。當這個人站在我的面前，我真不敢相信他是同性戀。我懷疑他會像其他人一樣，要我「別裝乖」，或要我「行為舉止像個男生」，叫我做出男人的樣子。

大叔說話的語氣十分客氣穩重，從服裝來看，他可能是在公所工作的公務員。我們剛在車站見面，大叔就問我要不要去他家。我雖然覺得奇怪，但也發現他很在意周遭的眼光。我自己也不想在大城市的咖啡廳傾訴自己是同性戀的事，想避人耳目，只能到私人住家了，於是便順從大叔的意見。

來到他的公寓，格局是一房一廳，還有廚房。空間雖然不大，但十分整潔。大叔還養了貓，那隻貓也很胖。人家都說寵物會愈養愈像飼主，大叔和他的貓驗證了這個說法。

我猜想他身為同性戀，無法和別人傾訴自己的煩惱，只好養貓排遣孤獨，安靜地活在這個世界上。一想到大叔很可能孤獨地死在這狹小的房間裡無人察覺，就為他感到可憐。如果我跟大叔一樣都是同性戀，他已經為我預言了我未來的人生。可我不想跟他一樣。我見他是為了接受自己是同性戀的事實，這是我唯一的目的，絕無其他。

我開門見山地提出自己最想知道的疑問。

「大叔看起來一點都不像同性戀，改變了我對同性戀的想法。雖然我自己很難做到，但我想問，你是否會強迫自己行為舉止都要像個男人呢？」

大叔回答：「不是每個同性戀都像電視上的那樣，我身邊的同性戀看起來都很普通，這才是正常現象。」

「這樣啊，我第一次知道。」

「你沒有男朋友嗎？」

我沒想到大叔會問我有沒有男朋友，因為我根本不可能交到男朋友。之前都是我單戀人家，而且每個單戀的對象都交了女友，我怎麼可能像買菜那樣輕輕鬆鬆就交到男朋友呢？

「怎麼可能？我沒交過男朋友。該怎麼做才能交到男朋友呢？以前我喜歡的人都交了女友。」

「你不能喜歡直男，這麼做只會讓自己痛苦而已。這算是同性戀界的潛規則，絕對不能愛上直男。」

「什麼是直男？」

「直男就是異性戀者，因為性取向沒有變彎，是直的，所以叫作直男。」

就像有魔法的人稱沒有魔法的人「麻瓜」一樣。

大叔接著說：「你真的什麼都不知道，你從來沒有跟同性戀接觸過嗎？」

「我今天才第一次認識承認自己是同性戀的人。」

「這樣啊。不過我想你應該有接觸過，大家都說班上一定有一個同性戀。同性戀只是善於將自己的本性隱藏起來，事實上，同性戀跟左撇子一樣多。」

「有這麼多！可是，我都沒發現。」

我回想起自己過去同班的同學，實在看不出誰是同性戀。

「你有做過愛嗎？」

大叔突然問起這個問題，我老實地回答：「曾經和女性做過。我高中時期暗戀的人對我說：『要去東京的話，至少先擺脫處男的身分吧。』所以他帶我去那種店開葷。」

「被自己喜歡的人說那種話，你一定很難過吧。」

我點點頭。第一次有人明白我的心情，我很高興。

「你摸過男人的那裡嗎？」

「有用腳碰過，但沒有摸過……」

「你想摸摸看嗎？」

大叔話一說完立刻站起來，脫下自己的褲子，拉過我的手放在他的四角褲上。我內心深處一直追求的東西就在眼前，雖然那不是長谷的寶貝，但確實是我一直想要的東西。

我的手就這樣放在那裡，可以感受到大叔逐漸變得興奮。我有點驚訝，但一想到他是「喜歡男人的男性」，被我摸會感到興奮也是理所當然的事情。

我第一次意識到自己可能喜歡同性的時候，以為跟我一樣的人全日本只有幾個，也認為我可能到死都沒機會可以光明正大地觸摸其他男人的寶貝。所以，今天能隔著四角褲摸到，我已經心滿意足了。

不過，大叔似乎想要更多。只見他二話不說便脫下四角褲。除了我自己的東西之外，這是我第一次看到其他男人生氣勃勃的陰莖，老實說，我不知該如何反應。雖然很想知道接下來會發生什麼事，但我從未預料到今天就是「那一天」。

「你知道要如何處理男人的寶貝嗎？」

「不知道……」我一臉疑惑地回答。

大叔伸出手想脫掉我的衣服，我趕緊制止他。

「等一下……」

「嗯？怎麼了？」大叔問。

「貓……在看。」

我突然看到一隻胖貓直盯著我和大叔看，似乎很想知道我們在做什麼。

「有貓在你覺得怪怪的嗎？」大叔便將貓帶到走廊，關上客廳的門。

那是我「第一次與男人發生關係」的日子。

做到一半的時候，大叔從別的房間拿出一台攝影機，對我說：「我不會給別人看。」便想按下錄影鍵。

我趕緊說：「等等、等一下。」

「你不想被拍下來嗎？」

「貓……貓又回來了。」

大叔開門去別的房間的時候，那隻胖貓咻地溜進來。

大叔又把貓抓出去，關上門。

我猜想客廳應該是那隻貓平時待的地方，可是牠現在被關在外面，感覺有點可憐。

事情結束後，大叔送我去車站。我的雙腿顫抖著，但還是努力踏出步伐。

「這是你的第一次，感覺如何？」

「跟我想得不一樣，而且……我的腳在發抖。」

大叔說：「你一定餓了吧？」接著走到路邊的串燒攤，買了烤雞串給我。到了車站後，我向大叔道謝，告別後便走進剪票口。

我坐在電車裡，隨著車體搖晃，回想著剛剛發生的事情。我很高興能認識同性戀，沒有他，或許我一輩子都不可能跟男人發生性行為。他還買了烤雞串給我，我覺得自己真的很幸運。

儘管如此，我還是無法接受自己是同性戀。

如果我接受自己是同性戀的事實，代表我的未來將一片黑暗。我不禁懷疑，我真的想像大叔一樣過著不敢向別人坦白自己的性取向、獨自一人與貓過著低調的生活嗎？不，我一點也不想。我覺得那時候的我真的很可憐，如果只能度過像大叔那樣的人生，不如現在就消失在這個世界上。

自我懂事以來，我一直相信未來我一定會建立一個幸福的家庭。我只要和女性戀愛，跟她結婚即可。我告訴自己，總有一天，適合我的女人一定會出現。

我的腳還在發抖。

我不禁想著，那隻胖貓有回到自己最常待的客廳了嗎？

男生宿舍性生活

我住的男生宿舍經常舉辦派對。其他人都在浴室交朋友，只有我是獨行俠，和誰都沒交情，所以我每次都一個人喝酒。我只要喝了酒，膽子就會變大（所以我老是飲酒過量）。之前我曾說過，有個小團體其中一人老是瞪著我看。有次喝酒之後，我跑去那個小團體裡質問。

「喂，你為什麼老是瞪著我看？我做了什麼嗎？感覺很差耶，可以不要再瞪著我看了嗎？」

在那個小團體裡，只有一個人瞪著我看，他的名字是N。

「什麼？你說我嗎？沒有啦，你誤會了，因為你每次都一個人，我覺得好奇才多看一眼。我的視力不好，不是故意要瞪你，要是讓你感覺不舒服，我向你道歉。」

N的長相很平凡，表情沒有任何矯飾，穿上衣服仍能看出體格相當健壯精實。此時，小團體中最會打扮的人開口說話了。

「其實我們一直想和你做朋友，可是都沒辦法在浴室遇到你，該怎麼稱呼你？」

「我叫小七，叫我小七就可以了。我不喜歡和一大群人擠在浴室裡，所以都是早上偷偷去洗澡。」

「是這樣啊，小七。」

後來我們一起去喝酒，N拍了拍自己隔壁的位子，要我坐過去。

喝酒壯膽有時是必要的，但如果過量也會引發意外。這一天我喝多了，醒來時才發現我睡在N房間裡的床上。當我起身時，他抱著我，問：「小七，你還好嗎？要喝水嗎？」

N從小冰箱裡拿出瓶裝水。「你還記得發生什麼事了嗎？」

「咦？記得什麼？我為什麼會睡在你的房間裡？」

「你一喝醉就纏著我不放，還直接睡著了。我沒辦法，只好抱著你回我房間。」

這是最糟的狀況。每次我喝太多，就會做出容易讓人以為我是同性戀的行為。「哎呀……真的很抱歉，那個……我喝太多了，抱歉。」

「不用道歉啦！其實我很高興。你一直以為我在瞪你，其實我是覺得你很可愛，才會盯著你看。你向我撒嬌，我可是拚了命地克制自己喔。」

我感覺自己還沒清醒，頭腦不聽使喚。N拿著水想要餵我，我便一把抓過他倒在床上，吻了他。那是一個漫長的吻。從N的表情看來，他不知道接下來要做什麼，我雖然很想往下發展，但我只跟大叔做過，而且當時是大叔主動。懵懂無知的兩人就這麼一直親吻。

N一臉疑惑地對我說：「我對男人沒興趣……真的沒有。可是，你實在太可愛了。我是不是變得不正常了？」

「我也是，我對男的也沒興趣……我也搞不懂。我可能是怪咖，但你是正常的，沒事。」

為了安撫N，我刻意這麼說。於此同時，我的腦海裡卻想起了大叔和我做的時候教導我的步驟。我無法抗拒誘惑。

宿舍的牆壁很薄，相鄰的房間可以聽到彼此的聲音，因為怕被發現，N緊咬牙關，不發出任何聲音。他也對我做了大叔對我做的事情，完事後N像是被極大的罪惡感吞沒，抱著頭說：「我完了，我是變態。」

隨著酒意退去，恢復冷靜之後，我意識到我玷汙了身為直男的N，對他感到十分愧疚。我希望這一切都沒發生過。我對N說，這次是因為我們年輕氣盛又喝了酒，只是一時犯傻而已。其實這句話也是對我自己說，沒想到純情的直男竟然說出了驚人言論。

「我可能真的不正常，小七，我喜歡你！」

「你的心意我很開心……但今天的事只是酒後意外。你沒做錯，是我的問題，請你忘了吧！」

N還有美好的未來，他遲早要和女性結婚生子，擁有正常家庭的機率比我高出許多。他不能做出讓自己未來的小孩與結婚對象蒙羞的事情。就算他真的喜歡我，畢竟時間不長，現在還能以「一時意亂情迷」為由踩煞車。

我跟N說我要回自己房間，他說：「我抱你回去吧。」我沒阻止他，讓他以公主抱的方式將我送回房間，但從那天之後，我刻意躲著他，也不再和他說話了。

還以為N的事情能讓我得到教訓，沒想到我竟然學不乖，後來又和不同住宿生發生同樣的錯誤，前後總計三人。我們都是在彼此同意之下發生關係，儘管如此，也讓我的住宿生活愈來愈難熬。我真是個蠢蛋。

與長谷的同居生活

來東京念書一年後，我搬離男生宿舍。不只是制式化的洗澡和吃飯時間等生活公約讓我痛苦，我也無法融入一大群男性的共同生活。最重要的理由，是和那些跟我發生過關係的男同學一起生活，令我感到不自在。

無論如何，我悄悄地搬出宿舍，展開一個人的生活。之前住宿舍時有人煮飯（我因為不想在食堂遇見別人，所以幾乎沒去吃過），但搬出來住之後，我必須自己煮飯才行。以前住家裡的時候我從來沒煮過飯，也沒人教過我做飯，很擔心會餓死自己，但實際開始做飯後，才發現做飯一點都不苦，我反而樂在其中。就算做出來不好吃，也是我自己要吃，沒有人會向我抱怨。雖然我不會做很難的功夫菜，但可以天天做咖哩，將今天做的咖哩稍微變化，明天就能變成放入許多茄子的蔬菜咖哩，後天還能挑戰乾咖哩，盡情發揮理科實驗的精神，開心做菜，研發出各式各樣的菜色。

搬出來住一段時間之後，我接到長谷打來的電話。

高中畢業至今已過了一年，我仍對他念念不忘。不過，我心中對長谷感到有些愧疚，鼓起了勇氣才能接起他的電話。

提起我對長谷的愧疚之情，就要回溯到一年之前。我剛到東京不久，就傳來與長谷交往的滿美去世的消息。我就讀高中的時候，滿美從我身邊奪走長谷，那時的我十分嫉妒她。我對她的憎恨無法言喻，超乎想像。聽到滿美去世時，我總覺得是自己害了她，不由得責備自己氣量狹小。由於這個緣故，我一直無法面對長谷。

我鼓起勇氣接起電話。好久沒聽到長谷的聲音，聽起來很有精神，令我安心不少。長谷高中畢業後好像也離開了北海道，移居愛知縣工作。不過，他無法放棄前往東京念書的夢想，於是打電話問我能不能到東京找我，在我租的公寓借住三個月。我到現在仍然喜歡他，能和他一起住是夢寐以求的幸福。長谷還說會幫我付水電瓦斯費。

從高中三年到東京一年，我暗戀了他四年的時間，如今有機會和長谷同住，我忍不住想我倆是命中注定的緣分，自顧自地雀躍了起來。

到東京念書的第二年，也就是十九歲的夏天，我和最喜歡的長谷在三坪大的公寓套房裡展開了同居生活。剛開始我很享受跟他的同居生活，但幾天過後愈發覺得痛苦。原因很簡單，長谷對我毫無戒心，把我當自己家人一樣。

我住的地方很小，兩人一起生活會遇到許多現實問題。我們兩個每天晚上同睡一張單人鋪墊，睡覺時長谷只穿一條四角褲和背心，完全居家裝扮，我就睡在他身邊。

我必須時時刻刻提醒自己：「長谷是我的朋友……我不能看他，我不能對他有感覺，也不能觸摸他。」

偏偏長谷睡著時，他的小弟弟在四角褲裡搭起了帳篷，我躺在他身邊，眼睛飄過去就會看到帳篷裡英姿勃發的小弟弟。我一直告訴自己「不能看、不能看」，卻忍不住就著窗外路燈投射進來的微弱燈光，直盯著長谷身下帳篷裡的小弟弟看。

我喜歡了長谷四年，他就在我的眼前，我卻什麼也不能做。我快失去理智，就像一隻快要餓死的狗，有人在我眼前放了食物卻要我等著不能吃，我相信大家都能體會這種感覺有多痛苦。

我已經夠悲慘了，長谷卻一無所知。他每次洗完澡都不穿衣服走出來；只穿一條四角褲就找我玩摔角遊戲，整個人跨坐在我身上。我對長谷的愛意愈來愈濃烈，但只能忍住，壓抑自己的情感。這樣的生活真的很痛苦。

在跟長谷的同居生活中，還有另一件讓我愈來愈難以忍受的事情，那就是長谷去名古屋時結識的女朋友「小堀」。

每天晚上睡前，長谷都會打電話給住在愛知縣的女友小堀。我根本不想聽他和女友說什麼，但我們住在同一個空間裡，再不願意也無法充耳不聞。我從長谷的回話就能猜到兩人的對話內容。我喜歡長谷，完全無法忍受他每天晚上打愛的遠距離電話給女友。

這天晚上，長谷也打愛的遠距離電話給她。

「我不管，我要聽小堀說！」

「不要啦，七崎就在旁邊……」

「好，那我先說，我愛妳……接下來換妳說嘍？」

「為什麼？我剛剛已經說了我愛妳！」

「這樣啊！真不敢相信還有這種事，我要掛電話了。」

長谷說完便掛了小堀的電話。他們每天晚上都在我眼前上演同樣的鬧劇，所以我很清楚接下來會發生什麼事。

果不其然，長谷的手機掛不到五秒又響了，是小堀打來的。長谷略微得意地接起手機，語氣冷淡地說：「喂，什麼事？」

「嗯，妳知道就好。我也很抱歉……嗯，我愛妳。謝謝。晚安……我才不要！妳先掛電話啦！……那我們同時掛？一、二、三……哈哈！妳怎麼不掛電話？」

真是噁心，每天晚上都要上演一次。

每次看到這對無腦情侶演的鬧劇，我就很想拔光自己的頭髮。但老實說，我也很羨慕被長谷說「我愛妳」的小堀。

明明是我幫長谷洗衣服，還煮飯給他吃，長谷說出「我愛你」的對象竟然不是我，而是小堀。一想到這點，就忍不住一肚子火。

我起身走向正在打電話的長谷。

「我不要，我不想掛掉小堀的電話……」

我一把抓過長谷的手機，關掉通話鍵，將手機摔在地上。

長谷大叫：「你在做什麼？」

我也不服輸地大喊：「你們說話的內容很噁心！」

「你自己不交女朋友，現在倒反過來嫉妒我了？」

「像你們這樣的噁心情侶都去吃屎！搞什麼啊？每天晚上黏來黏去的，我看了就生氣！」

「你沒有喜歡的對象，所以無法了解我的心情。談遠距離戀愛很辛苦的！我無法在小堀身邊陪她，你知道她有多寂寞嗎？」

「她怎樣關我什麼事，我最討厭小堀這種噁心的女人！」

「不准你說小堀壞話！」

「煩死了！你最噁心了！」

我們爭吵的期間，長谷的手機一直在響。我使勁擺出輕蔑的態度，對長谷說：「要講電話去外面講，不要在我面前和女朋友講電話，我再也受不了了。」

「可是外面在下雨。」

「好，我出去，你們這對無腦情侶可開心了吧！」

我怒不可遏地跑出家門，在雨中狂奔。

說什麼兩人無法在一起，所以小堀會寂寞！這個不知足的女人！我每天睡在長谷身邊，他卻不愛我。不只是過去不愛我，他未來也不會愛我，這一輩子都不會愛我！自從愛上長谷後，我已經經歷過太多喜怒哀樂，悲歡離合。

我已經無力再愛長谷了，要是能討厭他，該有多好……

我跑到同樣也是獨自居住，可以收留我的同學家按門鈴。

「來嘍！是小七啊，怎麼全身都淋溼了？」

「映里，我今天可以睡妳家嗎？」

「老實告訴你，長谷剛剛打電話給我，說你可能來我這裡。」

我一聽到「長谷」這兩個字，就感受到撕心裂肺的痛苦。映里拿了一條乾毛巾給我，她是我在學校感情最好的同學。

「他還說了什麼嗎？」我問。

「他說他不明白你為什麼生氣。」

「長谷每天晚上都打電話給女友，我看了就氣。」

「為什麼生氣？」

「他們……他們說話的內容很噁心……」

「是講電話的內容把你氣到哭嗎？」

「內容也是原因之一，我討厭長谷的女朋友。」

「你討厭長谷的女朋友？她對你做了什麼事嗎？」

「沒有，她沒對我做什麼，只是身為長谷的朋友……總之，我就是討厭小堀。」

「可是長谷喜歡小堀，你身為長谷的朋友，不是應該祝福他們嗎？」

「我才不要！我希望他們早點分手，那個爛女人！」

「長谷的女友既然沒對你做什麼，你為什會這麼討厭她呢？我也搞不懂。」

映里眉頭深鎖，想要了解我的心情，卻完全摸不著頭緒。她不懂也是應該的，我從來沒跟任何人說我喜歡長谷，才會演變成今天的場面。我身邊沒有人了解我的心情。正因如此，和長谷同居的三個月，我痛苦不已。

第三次的單戀

三個月的同居生活很快就畫下句點，長谷搬到東京的西邊住。雖然我們大吵一架，但我還是無法討厭他，所以當長谷向我道謝搬出去的時候，我感到相當寂寞。長谷留在房裡的T恤還殘留著他的味道。不過，我也明白我得藉著這個機會結束這場超過四年的單戀，揮別愛了四年的長谷。

為了告別這場對我來說轟轟烈烈的戀情，我需要全心投入在另一件重要大事之中。於是我努力給自己找事情做，正好專門學校的同學要成立劇團，取名為「闇鍋劇團的奇蹟」，而且很快就決定要舉行創團公演。舞台劇需要花很多時間排練，這是最適合我的療傷方法，我根本沒時間沉溺於長谷離開我的悲傷，重點是，我在劇團內展開了新的戀情。

劇團決定由達也（阿達）擔任舞台劇的主角。阿達和我不同班，但我們從一開始排練就氣味相投。阿達的個性很溫吞，一點也不嚴肅，感覺上有點少根筋。他的身高跟我差不多，身材纖瘦結實。平常說話時帶著和歌山特有的關西腔，聽著很有親切感，不過他一站上舞台，就會用流利的標準語說台詞。

順帶一提，我每次演出都與主角無緣，通常都是演反派的老魔女這類奇奇怪怪的配角。現在回想起來，我從小就沒有選角運。我很怕成為目光焦點，但每次有機會演戲，我都想爭取主角的角色。小學時，班上要表演《拔啊，拔啊，拔蘿蔔！》這齣戲，從劇名來看我還以為「蘿蔔」是主角，好不容易爭取到「蘿蔔」的角色，卻一句台詞也沒有。

言歸正傳，在這次演出中選上主角的阿達，總是在排練結束後到我家玩。我們一起做飯、吃飯，切磋演技，有時他也會留宿在我家。我的心就這樣漸漸地填滿了阿達的身影。

「阿達，你今天也要來我家嗎？」

「要啊，小七，我今天一直想著要吃咖哩。」

「又吃咖哩？那今天來做海鮮咖哩好了。」

和阿達一起在廚房裡做菜，是我覺得最幸福的時光。不過，我們做的菜並非每次都成功，有時候也會做出很難吃的料理。

「嗯……好難吃！」

「真的超難吃的……為什麼會這樣？」

「可能是因為我們用螢烏賊取代花枝的關係吧？這次做的海鮮咖哩有一股腥味……」

「我們做這麼多，我會全部吃光的，絕對不能浪費食物。」

我一直以為只要放入海鮮就能做出海鮮咖哩，看來根本不是這麼一回事。

吃完飯後我們一起收拾整理，睡在同一個被窩裡。

「兩個男生手牽手睡覺會不會很奇怪？」阿達說。

「應該很奇怪吧？不過，那又有什麼關係呢？」

「嗯，管他的。」

阿達來我家過夜的時候，我們總是牽手睡覺。有時候阿達也會主動牽我的手，我在想這一次搞不好能跟阿達順利交往。我從來沒跟自己喜歡的人牽手睡覺，真的很開心。我的心裡只有阿達一人，希望可以永遠跟他在一起。

某天晚上，阿達一如往常地到我家來吃飯。住在我家附近的女性朋友百合，也到我家來玩。

百合與我同年，就讀不同學校，晚上在夜總會當公關小姐賺學費，外表十分豔麗，可說是我的閨密。那天晚上，百合與阿達第一次見面，我介紹兩人認識，三人天南地北地亂聊，氣氛非常融洽。我愛慕的人和好友就在身邊，真的很幸福。

三天後，百合對我說她喜歡阿達，我簡直說不出話來。百合的個性認真堅毅，看到阿達這類少根筋的男性，就忍不住散發母性。

說做就做的百合在我還來不及反應的時候，已經和阿達搭上線。沒多久，阿達就對百合言聽計從，成為情侶。

百合是阿達的第一個女朋友，加上個性使然，阿達儼然成為百合的跟屁蟲，百合說什麼就是什麼。我很不忍心看到阿達變成這樣，內心懊悔不已，也憤怒到全身顫抖。不僅如此，他們兩人還是我介紹認識的，我對自己的厭惡感也升到最高點。沒想到竟然是我促成他們變成情侶，我真是蠢哪！

阿達被閨密搶走的悲傷與失落感，逐漸演變成極大的憤怒，我將所有怒氣全部宣洩在百合、阿達以及身邊所有人身上。

有一天，百合來找我，跟我說：「小七，我有事想找你聊聊。」

「嗯？什麼事？」

「阿達好像以前從沒做過愛，他跟我做的時候有時無法勃起，明明是他的問題卻還要我舔他，讓他勃起，我聽了真的很氣耶！你不覺得很瞎嗎？」

有沒有搞錯？百合竟然來找我談她和阿達的那檔子事？

我毫不掩飾自己的憤怒和厭惡感，回嗆：「那是因為妳沒魅力阿達才站不起來吧？這麼說對妳很不好意思，但妳不化妝真的不能看。妳的長相看起來就是很沒氣質，妳不知道嗎？妳那張臉誰看到都站不起來。」

我的怒火一爆發就不可收拾，不止沒人能處理，連我都沒辦法控制。如果人的內心有天使與魔鬼，此時的我內心早已被魔鬼占領，天使被遺忘在不知名的角落。懂得察言觀色的人早已紛紛躲避變成惡魔的我，唯有阿達還像往常一樣找我說話。

「小七，早安。」

「早。你和百合交往得還順利嗎？喔，對了！聽說你做愛的時候站不起來啊？誰教百合那麼醜，害你都軟掉了。我真的很同情你，要多多努力喔，你這個中看不中用的男人！」我故意說得很大聲，讓全班同學都聽見。

由於我不斷攻擊阿達，劇團裡有個喜歡主持正義的男性團員，名叫小石，他實在看不下去了，來找我問清楚原委。

「你和阿達不是好朋友嗎？怎麼會對他那麼壞？發生了什麼事嗎？」

「有，事情很大條。」

「你如果願意的話，可以跟我說。」

「沒事，謝謝你。」

「可是，你們還要一起演出舞台劇，你這樣針對他，未免太過分了，阿達很無辜耶。」

「喔，原來如此。你們都認為無辜的人是阿達，那我算什麼？你們覺得我是那種無緣無故就攻擊阿達，個性乖僻、脾氣差的人嗎？」

「既然有理由就說出來啊。」

「我才不說，反正你也不會理解我！你要當我脾氣差或怎麼想都好，你想怎麼說就怎麼說！反正都是我不好，不要管我！」

自己喜歡的人有了戀人，那種失落感我完全無法向任何人傾訴。我感到十分孤獨、落寞與失望……我的內心充滿了負面情緒，我根本不知道我為什麼活著……不該是這樣的。不過，我心裡很清楚，是時候做決定了。

從「我承認」開始的出櫃

我到東京讀書的第二年秋天，東京的公寓比北海道老家還冷，不曉得是因為沒有大暖爐的關係，還是寒冷的性質不同。東京的冷風像刀一樣密集地割著人的肌膚，北海道的冷冽則是從內到外包覆著人，我現在反倒懷念起北海道的寒冷。

我獨自在房裡思考我為什麼來東京。

在東京認識而芳心暗許的阿達，自從和我的閨密交往之後，我完全無法原諒自己。

回頭想想，從國中時期的阿司、高中時期的長谷，到專門學校的阿達，我已經為了同樣的事情傷過無數次的心，到底要怎樣我才肯放過自己？如果一輩子都要重複相同的苦楚，我活著究竟還有什麼意義？活著太痛苦了。

我為什麼老是愛上男人？不僅坎坷，還總是受傷。明知道會受傷，卻還是喜歡男人。我到底有多蠢？連我自己也放棄治療。眼前的一切毫無意義，就像空洞一般。不管是這條街，還是這間房，又或者是我。我究竟為什麼活著？

「總有一天我會喜歡女生。」「只有現在痛苦，以後就好了。」——一直以來我都是這麼告訴自己，但真是如此嗎？不如破釜沉舟，承認自己就是同性戀吧！經歷這麼多風風雨雨，其實我也意識到了。我愛阿司，我愛長谷，我也愛阿達，相信我這一生都只會愛上同性。可是我又害怕，要是真的承認自己是同性戀，我能原諒自己嗎？我的父母、朋友能接受這樣的我嗎？他們一定會看不起我。

不過，承認自己的性取向應該會比較輕鬆，我已經無法再持續否定自己了。承認吧！承認自己就是同性戀這樣的生物，承認自己就是和那位孤單大叔同一類的人。承認這一點之後，在未來的人生裡再也不要喜歡上別人，努力提醒自己這一點就好。小心翼翼地過生活，不要讓別人發現我是同性戀就好。

「我承認……」

我獨自待在寒冷的公寓房間，戒慎恐懼地小聲說出來。這一刻我終於承認自己是同性戀。從此刻起，我再也不需要告訴自己：「總有一天我會喜歡女生……」

某種程度上，我已經坦然接受「自己喜歡男人」這項事實，心情感覺舒坦不少。不過，心情的變化並非全是正面的，兩個男人無法「結婚」，也不能「共組家庭」。對於當時才十九歲的我來說，未來的人生根本沒有「結婚」這個重要選項，實在是太悲傷了。

我的未來就像札幌的靈媒老師看到的所有前世一樣，注定孤獨死去。

這一刻我感覺自己雙腳踩著的地面分崩離析，墜落至絕望的谷底，頭似乎有點暈。

我現在還有朋友，不覺得寂寞。可是我的朋友遲早有一天會與異性結婚，共組家庭，到時候又剩下我一人了。

或許大家會問我，我為什麼不結婚？到時我只要說「我喜歡一個人」、「我的錢只想花在自己身上」就好了。就算打死我，我也不會說出「我喜歡男人所以不結婚」，我絕不會對任何人說這句話。

未來的人生中，無論何時我都必須堅強地活下去。假如真的遇到寂寞、痛苦，再也忍不下去的時候，最糟的狀況就是一死了之。反正我只有一個人，不怕死。再說，沒有任何人愛，孤單一人的生活，對我來說太難熬了……

從那天之後，我好幾天沒去學校上學，完全不想動，一直待在公寓房間裡，每天看著窗外。未來的人生、世界上發生的新聞，對我來說一點也不重要，上不上學更是無關緊要。我為什麼要待在東京？東京於我又有何干？不過，就算我回到北海道也沒臉見父母朋友，所以我也不想回去。這是我唯一僅有的無謂的自尊。儘管如此，我對自己的未來不抱任何希望。但話說回來，希望又是什麼呢？希望到底在哪裡？或許希望原本就不存在。

我在家裡待了好幾天，一直在思考這些事情，心情跌落谷底。最後，我做了一個決定。我決定打電話給媽媽。不知道為什麼，我就是想打電話給她。當然，我也下了決心，不管發生什麼事，我都不會承認自己是同性戀。我已經不知有多久沒打電話給媽了。

「喂，良輔啊，最近好嗎？怎麼有空打電話回來？」

「我不好。沒什麼事，就是沒有精神。」我說。

「哎呀，真難得！發生了什麼事？」

「我也不知道，我可能得了憂鬱症。」

媽媽聽到自己兒子說可能得了憂鬱症，卻表現得十分平靜。

「哎呀……良輔，不是我說你，像你這樣的人絕對不可能得憂鬱症。你身上流著你爸爸的血，無論是你爸爸還是你，都不可能得憂鬱症的。」

「是這樣嗎？可是，我現在只想叫別人去吃屎，根本豁出去了，什麼也不想管。」

「你一直是這樣的啊！你每次遇到事情就會反擊，只想叫別人去吃屎。你這個個性遺傳自你奶奶，也就是你爸的媽媽。你動不動就大發雷霆，我最擔心你的就是這一點。不過，我相信你不會得憂鬱症，一點也不擔心。媽媽希望你可以學會控制自己的情緒。」

媽媽雖然說得委婉，但奶奶和爸爸躺著也中槍。無論如何，媽媽說的話總是能說服我，而且還有一股神奇的力量，讓我重新振作。

「總之，我得跟自己的遺傳因子奮戰才行。話說回來，既然我沒得憂鬱症，我該怎麼做才能讓心情變好？」

「你的房間現在一定很亂吧？要不要先打掃一下呢？房間是一個人內心的鏡子，我想你得的應該是遲來的五月病，還不習慣東京的生活吧。」

我環顧房間四周，確實很凌亂。我從幾天前連洗碗的精力都沒有，放任房間愈來愈亂。

「好吧，來打掃房間，讓生活空間一塵不染！」

「你最大的優點就是情緒轉換得很快，我好羨慕。好好享受你的打掃工作吧！」

我花了好幾天把凌亂不堪的房間整理乾淨，把累積好幾天的垃圾全部丟出去，還清理了浴室和廁所，碗盤也洗得乾乾淨淨。隨著房間愈來愈整潔，我的心靈也洗滌得愈來愈清澈。神奇的是，當我看著亮潔如新的瓦斯爐和餐具，我又想做菜了。在此之前，我已經好幾天不想出門，一回神才發現我洗了澡、梳了頭髮，到超市買菜去了。

做完菜，吃完飯之後，感覺有精神多了，突然覺得：我應該能以同性戀的身分，好好活下去。

未來一定還有更艱辛的路等著我，我得像打不死的蟑螂一樣，比任何人更勇敢地活下去。就在這個時候，我的朋友打了一通電話給我。

「聽說麻美跟小石分手了。」

麻美和小石都是我的同班同學，他們兩人從一年級就開始交往，如今已經同居在一起，是班上公認的班對。聽說小石劈腿，離開了麻美。小石曾經為了阿達跑來找我攤牌，想為他主持正義，沒想到他不過是個花心男罷了。我本來就討厭他，真為麻美感到不值。

我發了一封簡訊給麻美。「妳還好嗎？要不要去喝酒？」

麻美在車站附近的連鎖居酒屋等我，她看起來很疲累，頭髮也沒梳理。這就是失戀女子的模樣嗎？簡直跟我前一陣子一樣。

我一邊喝酒，邊聽著麻美說話。

「真是個爛人……小石和我同居時還嚷著說沒錢，要我付房租，沒想他自己偷藏私房錢，拿那些錢和一起打工的女人跑了！真是個爛人……」她又接著說：「小石還向我下跪道歉，對我說他有喜歡的人，要我跟他分手！還對我道歉！……我逼問他才知道，他當時已經和那個女的在一起了。我想讓他把我借他的錢還給我，可是我不知道該怎麼做……」

我不知道聽了多久麻美的話，雖然麻美被小石甩掉很可憐，但至少她在跟小石交往期間很幸福，再不濟，她也比我幸福。和喜歡的人相愛、同居，對我來說簡直就是奇蹟。

和自己喜歡的人心心相印，那是什麼感覺？

和自己喜歡的人成為男女朋友，那是什麼感覺？

和自己喜歡的人接吻，那是什麼感覺？

和自己喜歡的人擁抱，那是什麼感覺？

和自己喜歡的人同居，那是什麼感覺？

這些都是我過去未曾經歷過的事，未來也無緣體會。雖然麻美是受害者，但我覺得她的哭訴實在是身在福中不知福。

「……小石是我第一個男人，我忘不了他。我覺得我再也不會幸福了，我暫時不想談戀愛，我受夠了……」

麻美真是身在福中不知福。她不止和自己喜歡的人經歷過各種事情，被甩了之後還有朋友聽她訴苦，而我什麼都沒有，我才不幸呢。「我再也不會幸福了」這句話應該是我的台詞！一想到這點，我的腦中就一片空白。我的身體完全不聽使喚，一回神才發現我已經開了口。

儘管我在心裡大喊「千萬不能說」，但還是一股腦兒地將心中所想的話全部說出來。我的聲音聽起來好遠、好陌生。

「妳根本一點都不可憐。」

「什麼？」麻美嚇了一跳。

「妳被甩了是很可憐，但就我來看，妳是身在福中不知福。」

「為什麼？」

「因為妳跟小石交往啦！妳可以光明正大地對喜歡的人表白心意，還跟喜歡的人在一起。跟自己喜歡的人接吻、做愛，妳什麼都嘗試過了還有什麼好抱怨的？哪像我……我喜歡阿達，卻無法對任何人說，阿達最後還跟百合交往了。之前我也喜歡了長谷好幾年，一直很喜歡他！妳覺得這樣的我，未來還有幸福可言嗎？我老是暗戀別人，真是個傻瓜。所以我才說，妳根本是身在福中不知福！我明白被甩了會很傷心，但也沒必要一直碎碎念啊！」

我做了無可挽回的事情，我不該說這些話的，都是我腦中一片空白，才會劈里啪啦全說出來。我衷心希望這是一場夢，但這是已經發生的事實。

麻美瞠目結舌地看著我，一臉茫然，呆了好幾秒，似乎在思考要說什麼。

「阿達……我們學校的那個阿達嗎？長谷……就是那個跟你住過一段時間的長谷？」

「沒錯。」

「哇……怎麼會！小七，你受苦了……」

當麻美說出「你受苦了」這句話的那一刻，我的眼淚撲簌簌地掉了下來。

沒錯，一直以來我走得跌跌撞撞，沒辦法向任何人訴苦，所有的害怕擔憂只能自己吞。麻美的眼眶也充滿淚水，她是否懂得我的痛苦？

「我真的好苦……麻美，妳也懂嗎？我的痛苦……」

「我當然懂！這種痛誰都能明白啊，你的處境一定很痛苦！」

我一直以為沒人能理解我的痛苦，就算我鼓起勇氣說出來，也沒人當真。看來那只是我先入為主的觀念，我大錯特錯。過去是我懷疑別人，不信任別人。

沒想到麻美理解我的心情，她說她明白我的痛苦！只要是曾經喜歡過別人的人，大家都有過類似的煩惱與痛苦，也能理解對方的感受，這就是「人類」的可貴。人情真的好溫暖。

我的眼淚停不下來，過去累積在心裡的汙穢，全都隨著淚水一起流出。酒、同性戀與被甩女人的眼淚盛宴一直持續到早上才落幕。

人生中第一次的出櫃來得突然，但能得到麻美這個理解我的知己是我最大的收穫，比起我一個人默默承受，現在的我輕鬆多了。

「我喜歡你。」第一次告白

在突如其來地對麻美出櫃之後，我心中的恐懼愈來愈小，我敢再向別人出櫃。在我出櫃後，對方對我說出的友善話語能轉化成我的力量，讓我有勇氣再向其他人出櫃。

基本上，與我交情最好的朋友都知道我是同性戀，我也敢向遠在北海道家鄉的同學表明我的性取向了。身邊的人都理解真正的我是什麼樣子，我再也不需要戴面具，我感到前所未有的輕鬆自在。每次向別人出櫃，就像褪下一層偽裝一般，身上的擔子愈來愈輕。

有些人聽到我坦承自己的性取向後，對我說：「小七，為了你好，我不能接受你是同性戀，我希望你能努力，讓自己愛上女人。」我知道他是以他的方法為我著想才會這麼說。我也曾問對方：「那怎麼做才能讓我喜歡女人？」但大家都不知道，沒有任何人說得出答案。沒有人會需要努力才能喜歡另一個人，當我明白這點，我就知道「我是同性戀」，確立了自己同性戀的身分。

從我接受自己是同性戀的那天起，我開始能冷靜看待自己的過去。從高中一年級開始，我暗戀長谷超過四年。我很同情高中時期戀愛運慘澹不已的自己（當時我無法接受自己喜歡同性）。於是我想到，如果我能向長谷坦白那四年的愛戀，或許就能救贖過去的自己，從未獲得滿足的悲戀心情也能獲得淨化。

我找了高中同學由貴商量這件事，她決定幫我促成向長谷出櫃的心願。當時由貴住在大宮，長谷住在東京的西邊，三人相聚並不困難。

由貴出面約了我們三人在新宿的居酒屋見面，由貴坐在我的對面，長谷坐在由貴旁邊。我們一邊吃飯，熱絡地聊起高中時期的話題。

由貴聊起長谷那個時候在教室裡站在籃球上撐傘，還有一次偷拍在隔壁廁所裡上大號的死黨，拍到之後還大叫著「我拍到了」，飛奔出廁所。好巧不巧被老師抓個正著，沒收了手機。

「長谷真是個笨蛋。」她說。

席間他們兩人開心說著長谷的糗事，只有我心事重重，一直在想「該怎麼跟長谷開口」、「要是他覺得噁心，我該怎麼辦？」心情愈來愈沉重。直到聚餐都要結束了，我還畏畏縮縮地不敢開口，於是由貴開門見山地說：

「長谷，其實今天找你出來，是因為小七有話想對你說。小七，請吧！」

終於到了攤牌的時候。長谷直盯著我看，我非說不可了。話說回來，只要我不說，我們就還是朋友；不知道說了之後會有什麼後果，可是，我還是想對他坦白……

「呃……嗯……由貴，妳可以幫我說嗎？」

「什麼？我幫你說？可是……這種事一定要自己說才行。小七，加油！」

「可是……我想還是……」

長谷看著欲言又止的我，又轉頭看了看在一旁為我加油的由貴。

「你是同性戀嗎？還是我猜錯了，你想說的是其他的事？」

原來長谷早就察覺我是同性戀了！我雖然有點驚訝，還是點頭承認，說出一切。長谷瞠目結舌，動也不動地回想起我過去的一舉一動。

「真的假的！喔，真的嗎？……果然如此……所以你才會……七崎，原來你是同性戀啊！」長谷雖然驚訝我是同性戀，但過去發生的事情也找到了解答，他終於明白為什麼我會做出那些事情。長谷和由貴都面帶笑容，氣氛一片融洽，讓我放下心來。

我說：「嗯……長谷，你是不是早就知道了？」

「不，我完全沒發現……現在回想起來，真不知道我當時為什麼沒發現？要是我那時就知道你是同性戀，才不會只穿一件四角褲就睡在你旁邊呢！」

長谷與由貴還是像在高中那樣對我，讓我不再擔憂。其實能這樣我已經很滿足了，偏偏個性認真的由貴察覺到我根本還沒說出最重要的事情。

於是她又說：「你應該還有其他的話要說吧？小七，你敢說嗎？」

我搖搖頭，我想我的臉色一定很難看。

「那……我幫你說？」

這次我點點頭，由貴說：「我知道了。」轉身對著隔壁的長谷坐好，小心翼翼地開口：

「小七過去有一段時間很喜歡你。」

「你是說七崎喜歡我？」

「沒錯，他說他高中的時候很喜歡你。長谷，你應該很開心吧？有個人曾經愛慕你這麼久，不嫌棄你是個笨蛋。」

「太酷了，原來我也這麼受男生歡迎啊！」

長谷的回應讓我鬆了一口氣，或許是看到我有些緊張，想要舒緩我的情緒，但我還是很想吐槽：「才沒這麼一回事呢，你還以為你真的男女通吃啊！」

我回應：「我到最近才發現自己是同性戀。應該說，我之前早就知道了，可是我不敢接受這一點，直到最近才真正接受。長谷，我從高中就一直喜歡你，我們住在一起的時候我也喜歡你，所以我才會批評你的女朋友，說了那麼多讓你討厭的話。真的很抱歉……你是我這一生最喜歡的人，我認為以後也不會出現讓我更喜歡的人了，因此為了我自己，我想要告訴你我的心意，淨化過去的心情，繼續往前走。」

「我相信你可以的。說到這個，你以前是不是因為喜歡我，故意拆散我和津田？難怪我和津田無疾而終。」

「津田妹是真的對你沒興趣啦！我現在才敢跟你說，津田妹還在我面前學你說話的樣子嘲笑你。」

「即使這樣，我還是喜歡津田。」

由貴說：「長谷真的很煩人耶。」

我接著說：「喔，對了，小愛喜歡你的時候，我曾經耍過小手段想要阻止你們交往。你和滿美交往時，我根本容不下滿美，當時討厭死她了。我覺得她把你從我身邊搶走。」

「不過，滿美曾經跟我說你是個『好人』。」長谷說。

「真的嗎？太好了。我檢討過我自己，我不該恨滿美的。」

「當時的小七真的很壞！每天都對長谷說『趕快跟那個渣女分手』，每天耶！我在旁邊看了都覺得小七對朋友的占有欲也太強了吧！」由貴帶著緬懷的笑容說，「現在知道你當時喜歡長谷，一切都說得通了，你應該早點說才對。長谷，你說是不是？」

我說：「由貴，要是高中時我跟妳說我是同性戀，我喜歡長谷，妳認為妳能像現在這樣坦然接受嗎？」

「嗯……呃……我也不知道我會怎麼做。那時候大家都還小，狀況也跟現在完全不同，我不敢斷言。可以確定的是，我不會討厭小七。現在想想還是很難回答你的問題……我猜想喜歡同性的高中生一定活得很辛苦。」

「先別說這個了，我根本不該拜託七崎幫忙撮合我和津田。我當時好喜歡津田，真是所託非人哪！不過，要是沒有津田，我也不會和七崎成為好朋友。」

「開口閉口就是津田妹，長谷真的很難纏又囉嗦！」由貴再次吐槽。

「真的，長谷囉嗦死了。」我也跟著附和。

我們三人相視而笑。

那一天三人聊到欲罷不能。我記得我們先是在居酒屋喝得爛醉，後來又一起去KTV唱歌，最後到我家過夜。雖然第二天宿醉得很嚴重，但我的心情相當好。

向長谷表白自己的心意，讓我成功放下了暗戀他的四年間，無法得到回應的情感，就連長期以來責備自己喜歡同性的負面情緒也一掃而空，我的內心充滿了前所未有的成就感。

儘管無法跟長谷交往，但能向他表白，已經是想都沒想過的幸運。出櫃後，我的摯友也沒離開我，我真的很幸福。

感謝由貴和長谷，我長這麼大第一次感受到向喜歡的人表白的喜悅。

不能向他出櫃的人

我大概是在二十歲時向身邊親友出櫃，當時我住在東京，也向住在北海道家鄉的幾位好友坦承自己的性取向。我是同性戀這件事很快就在家鄉朋友之間傳開，唯有一個人，我不希望他知道我是同性戀。

那個人就是阿翔。他跟我是上高中後才認識的，從高一到高三都同班。我們一起打工，也一起重考，是我感情最好的男性朋友。阿翔是籃球隊隊長，個性好強不服輸，但每次都把班上最後一名的席位讓給我（明明我們兩個都不及格）。

一到考試前夕，所有同學都說：「糟了，我都沒念書。」他們都是騙子，只有我和阿翔是老實人。

我每次都告訴自己：「別擔心，阿翔不會背叛我，我的分數一定會比阿翔高。」只要有阿翔在，我就很安心，我相信他也是同樣的想法。最後考試出來的結果，我們兩個都不及格。

有段時間我每次考試都考八分，老師找我過去罵到口沫橫飛，還對我說：「你不該叫七崎，應該改名叫八崎！你和阿翔都不及格，必須補考，如果補考沒考到六十分就會被留級。」我和阿翔為了避免留級的命運，經常一起念書到天亮，再一起去補考。

我和阿翔也曾在公園聊一整晚，分享彼此的夢想。阿翔想當美髮師，他和我約定好，有一天他一定會成為美髮大師，幫變成電影明星的我剪頭髮。

無論遇到何種情形，我和阿翔都彼此鼓勵，一起度過高中生活。阿翔還在我到東京念書的歡送會上哭著要我加油，出發當天還到機場送我。阿翔是我無可取代的摯友，我卻不希望他知道我是同性戀。因為高中時期曾經流傳過一則傳聞，內容我已經不記得了，但我記得很清楚阿翔說的話。

他說：「我真的很討厭兩個同性的人談戀愛，我絕對不會接受同性戀！」

這句話即使高中畢業後仍深深烙印在我心裡，所以我一定要對阿翔隱瞞我是同性戀的事實，我很怕他從其他人那兒聽說我出櫃的事。無奈傳聞早已在家鄉傳開，就算我不說，阿翔遲早也會知道。到了那一步，我就會失去最重要的摯友……

煩惱了幾天之後，我想反正都會被阿翔討厭，與其讓他從其他人那邊知道，在背後嫌棄我，不如直球對決，由我自己告訴他，讓他正大光明地討厭我。最後，我決定直接向他出櫃。

我打電話給阿翔，他很快就接起來了。

「喂，阿翔嗎？」

「喲，是七崎啊！好久不見，最近好嗎？」

「我很好。我今天打電話給你是有話跟你說。」

「怎麼啦？」

我做好心理準備，一口氣說出來。

「老實告訴你，我是同性戀，我喜歡男人。我記得你以前說過你最討厭同性戀，我不想被你討厭，所以一直沒告訴你。但現在我是同性戀的事情已經傳開了，我想與其讓你聽別人說，不如由我自己好好告訴你，才打這通電話給你。哦，對了，高中時我喜歡的是長谷，對你沒有任何非分之想。嗯，就是說，阿翔就是阿翔，你雖然很帥，但對我來說你是我的朋友……我希望今後還能繼續跟你做朋友……對不起……」

阿翔沉默地聽我說完所有的話。我不知道他會說什麼，內心忐忑不安。

「……嗯……我不記得我說過我討厭同性戀，我真的有說過嗎？」

「有，你說過。我就是因為記得你說過這句話，才一直隱瞞你，沒告訴你。對不起。」

「別這麼說，如果我真的說過這樣的話，我才覺得抱歉。哎呀！老實說，我很驚訝，但我很高興你告訴我這件事……怎麼說呢？你願意告訴我實情，我覺得舒坦多了！原來你一直喜歡長谷啊？」

「是啊。」

「那我也要向你坦白，其實……我一直很嫉妒長谷。我和你同班三年，以為自己是你最好的朋友，可是每次一下課，你就跑去其他班級找長谷。我覺得你應該認為他才是你最好的朋友，所以我很嫉妒他。這麼說，你當時很喜歡長谷嘍？」

「嗯，沒錯。」

「也就是說，長谷是你喜歡的人，我是你最好的朋友嘍？」

「那當然！」

「啊，我心裡暢快多了！我沒騙你，當時我的心情真的很煩躁！謝謝你願意告訴我，今後我們還是好朋友喔！」

「當然，我們還是好朋友。很抱歉，之前不敢告訴你。」

掛上電話後，我很感謝阿翔坦然接受我，也很後悔過去一直隱瞞他，另一方面又覺得不能原諒自己。我竟然對不管發生什麼事都關心我、為我著想的摯友，任意貼上「不能向他出櫃」的標籤，真是以小人之心度君子之腹。

問題在我身上，我的內心深處其實是瞧不起阿翔的，認為他是個「無法理解同性戀、內心狹隘的人」。說到底，我是個輕視友情的人，我才是氣量狹小、任性妄為、視野狹窄的人哪！

過去的我將身邊所有親友分成「可以出櫃的人」與「抱持偏見的人」，慎選對象後才說出想說的話，但人沒有這麼簡單，不是我可以隨意評斷的。既然如此，我決定敞開心胸，過好自己的人生。我再也不隱藏了！這是我對自己許下的誓言。

多虧阿翔才有現在的我。

打算向父母出櫃的我是自私的嗎？

我在二十歲的時候向我媽出櫃。

當時我已在東京讀書，住在離父母很遠的地方，打算趁著每年一次回家省親的機會，當面向父母出櫃。

我一直煩惱著該不該向父母出櫃，自己一個人想了又想，想了又想。

我知道我不可能隱瞞一輩子，總有一天要向他們坦承，既然如此，就要趁著父母都還年輕的時候告訴他們。

我的父母從小就是體育健將，一心想將我培育成頂尖運動選手，我認為他們應該無法坦然接受自己的兒子是同性戀。回顧我小時候的成長過程，我也不認為他們是能輕易接受自己兒子是同性戀的父母。

還記得小學五六年級，當時瀏海與後頸髮際線是像生命一樣重要的造型。我雖然沒留長髮，但我的父母（尤其是爸爸）連長到眼睛上方的瀏海也不能接受。他看到我的頭髮就開罵：「你那是什麼髮型？現在就去給我剪掉！」爸爸拿錢給我，我雖然收下了錢，卻因為不想剪頭髮又不得不去而號啕大哭。「我不要，我不想剪！」

「你說什麼？你覺得你這樣很帥嗎？男生就是要理小平頭！還是你要我用理髮器把你剃成光頭？」

「我死都不要！」

「跟人家耍帥留長髮，打扮花俏、行為輕佻！我最討厭像你這樣的男孩子！」

即使爸爸這麼說，也無法動搖我的意志。

「爸，你說男生就是要理小平頭，所以你才剪短髮，對吧？我覺得你這樣才是故意耍帥呢！」

「我哪有故意耍帥？」

「真正帥氣的人是不會挑剔別人髮型的，因為他們不會在意自己的髮型，自然也不在意別人的髮型。」

孩子懂得以理服人，有時候大人的思維無法匹敵。於是，說不過小孩的大人就會以「頂嘴」為由，責罵小孩。

「你還敢頂嘴？別說了，現在立刻去給我剪頭髮！」

「去就去，只要剪頭髮你就沒話說了吧？」

「沒錯。」

「你發誓只要我去剪頭髮你就不再管我了？」

「好，我發誓，你快去剪頭髮！」

我手中握著爸爸給的兩千日圓，走進理髮店。老闆看著雙眼哭腫、不甘不願地坐在理髮椅上的我，對我說：「想剪什麼樣的髮型？」

我回答：「瀏海和後頸髮際請幫我剪一公釐。」

「一公釐？」

「沒錯，請幫我剪一公釐，如果很難，五公釐也可以。」

最後我頂著剪掉五公釐的髮型回家，爸爸看到只說：「把錢還給我。」沒有再繼續罵我。不過，我們父子倆還是經常為了髮型吵架。

我在國中的時候也曾經為了「男性」的定義與爸爸吵了起來。

當時我們這個年紀的青少年很流行一款名為「CO2」的香水。有一天爸爸看到我在擦香水，對我說：「男人擦什麼香水！你聽好了，男人就是要流『汗』，想受到女孩歡迎就要盡情流汗！」

我頭都暈了。

爸爸從小就是運動健將，不管是學生時代或參加企業隊，他一直都在揮灑汗水。姑姑常說我爸爸很受女性青睞，我也想像得到。但我擦香水不是為了吸引女性目光，就算真要吸引女性，我也不是可以揮灑汗水的陽光男孩。此刻我才深刻體悟到，我和爸爸天生就是截然不同的人，無論哪個面向都是如此。

話說回來，克服差異需要接受彼此不同的想法，所以我想盡辦法讓爸爸理解這一點。

我說：「爸，你為什麼老是把你的想法強加在我身上？我跟爸爸的想法還有價值觀都不同，可是我從來沒有否定過爸爸口中的運動健將，也沒否定過你，你卻一直否定我。你為什麼要這樣？為什麼非否定我不可呢？」

就在此時，小我三歲的妹妹小靜出現了。妹妹和我不同，她手腳靈活，擅長運動，很會打羽毛球。在所有家族成員裡，妹妹經常和爸爸組隊打球，是默契很好的隊友（爸爸很寵愛妹妹，妹妹則是善於利用爸爸的天才）。

「臭死了！哥哥擦香水想成為萬人迷，真是愛耍帥！」

妹妹嘴裡唱著「哥哥散發濃濃香水味」的歌曲，一邊跳起舞來。

「小靜，哥哥很臭，對吧？」

「臭死了，耍帥男！」

一次要對付兩個棘手的敵人，我一人實在無力回天。幸好我的隊友出現了，也就是我的媽媽。

「你們兩人都給我閉嘴。良輔正是注重外表的年紀，擦點香水又有什麼好大驚小怪的？（轉身對著爸爸）你念書的時候不也為了吸引女同學而彈吉他嗎？再說，小靜長大後也會擦香水啊。」

小靜立刻反駁：「什麼？我才不要，香水熏死人了！」

「我們小靜長大後要成為羽毛球國手，對吧？」爸爸又開始捧妹妹了。

我到現在都還記得，當時的我在心底發誓，等到妹妹初長成時，我一定要好好虧她才行。

我打算先向媽媽出櫃，因為她總是站在我這邊，我覺得她是最有可能理解我的人。即使如此，我還是悶悶不樂。我一直在猶豫該不該說，無法判斷哪個選項才是正確的生存之道，於是我決定動用自己的想像力。

我開始想像向父母出櫃的未來與沒向父母出櫃的未來，各有何優缺點。

假設我出櫃，可以肯定的是媽媽一定會心情低落，感到煩惱。說不定她會將責任歸咎在自己的教育方法上，她可能會自責好幾年，甚至幾十年。不，不僅如此，她要是過度沮喪，選擇結束自己的性命那該怎麼辦？我不能接受這個結局。就算媽媽沒有輕生，她也很可能與我斷絕母子關係。

好處是今後我不需要再偽裝自己，媽媽如果接受我是同性戀，我還可以帶男朋友回家給她看。

如果我沒出櫃，就不會使父母受傷，他們會繼續愛我一輩子。缺點是我必須偽裝自己，永遠瞞著父母。既不可能介紹男朋友給父母認識，他們也會一直問我「什麼時候結婚」。最後，父母終其一生都會擔心我孤獨一人，一直到閉上雙眼為止。

兩種狀況各有好處與壞處，我無法選擇。

接下來，我決定從更寬廣的視野思考這件事。

我想剖析自己為什麼猶豫著該不該向父母出櫃。我是同性戀，又不是做壞事，與任何人都無關。可是一旦出櫃就可能傷父母的心，這是令我猶豫的原因。

進一步來說，為什麼我出櫃會傷父母的心？那是因為同性戀給人不正常、不好、可憐、噁心、變態等負面印象。我想扭轉這樣的印象。未來我一定會以同性戀的身分建立幸福家庭。

既然如此，我決定將繁瑣的問題放在一邊，開始想像我覺得最美好的未來是什麼模樣。對我來說，最美好的未來是我的身邊有一位完美的丈夫。我們說好過年時回他家慶祝，中元節時回我家省親。家族裡有婚喪喜慶時，我先生會陪我出席，就像其他人帶著伴侶一樣。彼此的親朋好友都很支持我們，我與先生相知相惜，互相扶持。這是我最理想的人生。

明白這一點便無須猶豫，我只能努力實現自己最想要的理想人生。我已決定先向媽媽出櫃。孰料我千思萬想之後所做的決定，卻輕易地受到周遭朋友的影響。我跟身邊的朋友說，我打算下次回家省親時向父母出櫃，沒想到反對的人相當多。

他們都說：「你為什麼要向父母出櫃？你這麼做只會傷父母的心。」「你只是為了不想再假裝而做出讓父母悲傷的事情，這麼做太自私了。」「我覺得等你遇到好男人，日本也承認同性婚姻時，再向父母出櫃比較好。」「要是我兒子跟我說他喜歡男人，我一定會深受打擊。小七，你是我的朋友，你出櫃對我來說沒有任何影響，但如果你是我兒子，我不希望你向我坦白。」

我知道大家都是為我著想才這麼說，但他們的意見讓我覺得我是一個只顧自己活得輕鬆、只顧自己獲得幸福，就算傷害父母的心也在所不惜的惡人。可是，我只是想讓父母知道我天生就是同性戀，如此而已。

打算向父母出櫃的我是自私的嗎？如果說我為了實現自己的理想未來而傷害父母的做法是自私的，我似乎也無法反駁。

原本打算向媽媽出櫃的決心，在聽完朋友意見後開始動搖，我已經不知道怎麼做才是對的了。我認為我需要更多人的意見才行，於是我參加了在網上找到的同性戀聚會，請教比我年長的同性戀有什麼想法。幸運的是，我所處的年代早已存在著許多同性戀社群，我可以坦然參加這類聚會。

有人對我說：「如果你以為向父母出櫃，父母一定會接受，那你就太天真了。說到底，父母也是別人，你只要做你自己就夠了。所以我認為你根本沒必要說實話。」

也有人說：「我早已下定決心一輩子都不跟父母說，遺憾的是，他們在人生最後一刻還擔心我孤獨終生。我明明就有另一半了，卻沒讓他們知道，所以我很後悔年輕時沒向父母坦白。」

還有人以自身經驗勸戒我：「我就是向父母出櫃的人！當時我以為他們應該會察覺到我喜歡同性，便毫不猶豫說出來了。誰知道他們根本沒發現我是同性戀，一氣之下跟我斷絕關係，再也不來往。」

這個世界有人後悔向父母出櫃，也有人後悔沒向父母出櫃。直到回北海道看父母的那一天，我還舉棋不定，不知道該不該說。

回北海道的第一天，高中同學邀我去她家玩，她就是當時的情敵小愛。我到小愛家的時候，高中同學和小愛的家人全都在門口迎接我，一看到我就說：「小七，歡迎你回家。」小愛當天舉辦了炸串派對為我接風。

小愛的家人將所有用竹籤串好的食材擺放在托盤上，我們想吃什麼就拿什麼，現炸現吃。

食材前方還有一個牌子，寫著食物名稱，例如「秋葵」、「鵪鶉蛋」、「豬肉串」等，其中有個牌子吸引了我的目光。那個牌子上寫著「松茸」。

由貴和阿翔也看到了松茸，但因為松茸太昂貴，所以也不好意思拿來吃。小愛的父親發現沒人拿松茸，於是對我們說：「你們不吃松茸嗎？這很好吃，你們吃吃看。」

大家開心地回答：「真的可以嗎？」紛紛拿起松茸炸串來吃。我也炸了一串來吃。松茸裹著一層酥脆的麵衣，咬下的瞬間鮮嫩的松茸水分在口中爆開來。

「怎麼樣？松茸好吃嗎？」

「太好吃了！」

小愛的父親開心地看著我們吃得津津有味的模樣，接著又說：

「其實這一盤是『杏鮑菇』，哈哈哈，你們都被騙了！」

小愛的父親喜歡惡作劇，我們根本沒吃過松茸，很自然就被騙了。

「人生就是這麼一回事，珍惜自己擁有的東西就能獲得幸福，哈哈哈。」

小愛的父親是事業有成的公司老闆，個性十分隨和，即使是和我們這些小孩說話也不擺架子。他從以前就是這樣，我想起我的高中同學經常跟小愛的父親傾訴自己的煩惱，於是我也決定請教小愛父親的意見，問問他我是否要趁著這次機會向父母出櫃。

小愛的父親說：「你讀高中的時候，我曾經問過你，你說你不是同性戀，你還記得這件事嗎？」

我回答：「有嗎？我不記得了！」

「我以前問過你是不是喜歡男生，你說不是。」

小愛的母親附和：「我也記得小七這麼回答。我還和小愛的爸說，你想繼續瞞著大家。」

我說：「當時我雖然已經發現自己喜歡男生，但我不想承認……」

「我可以理解你的心情，那個時候一定會這麼想的。但你現在已經可以坦然接受了，叔叔很為你高興！」

「謝謝叔叔。可是，我要是跟爸媽說，他們一定會很煩惱，所以我不知道該怎麼辦。」

「父母一定會煩惱孩子的事，你就讓他們盡量煩惱吧！為孩子煩惱是父母的義務，也可以說是一種興趣。不管孩子變成什麼樣的人，會煩惱的人就是會煩惱。」

「可是，只要我不說，他們就不用煩惱了。我很想說，但這不是傷父母心的正當理由，我要是說了就太自私了。我應該一輩子都不要向父母出櫃，這樣比較好。說到底，父母也是別人……」

我將別人對我說的話，當成自己的想法原封不動地說給小愛的父親聽，小愛的父親似乎有些震驚。

「我如果是你的父母，一定希望你說出來。父母不是別人，是你的爸媽啊！」小愛的父親想盡辦法讓我明白父母的心情，「煩惱、痛苦都沒關係，只要事關孩子，父母一定會努力理解的。如果我的小孩對我隱瞞這麼重要的事情，我會死不瞑目的，而且我會自責，怎麼會沒發現孩子的煩惱。」

小愛的父親完全說出了我希望別人對我說的話，向父母出櫃絕對不是自私的行為。為了我自己、為了父母、為了光明的未來，我必須往前走。

這個社會缺乏對於像我這樣的同性戀的知識，因為沒有足夠的知識才無法理解，因為缺乏理解才有偏見，因為有偏見才會歧視。我真的無法改變這樣的社會嗎？若將社會現狀當成前提而限制自己的行動與作為，這個世界無論過多久都不會改變。

「向父母出櫃」絕對不等於「傷父母的心」，我決定拋棄這樣的想法。或許父母樂於接受孩子出櫃的時代終將到來，我的父母很可能就是其中之一。身為同性戀不代表會過得不幸，我決定了，我一定要向媽媽出櫃。

回北海道的第二天早上，家人還在睡夢中，但我一夜未眠，喝酒壯膽。無論喝多少酒都不醉，喝著喝著就到了攤牌的時刻。還沒到媽媽平時起床的時間，我走到房間叫醒她。

「媽，妳醒醒，我有話對妳說。」

「什麼事？可以晚點再說嗎？」

我媽說她還想睡，可是我只有這個時間才有機會和媽媽單獨說話。

我又說：「這件事很重要。」

媽媽聽了之後似乎有不祥的預感，她立刻起床，一臉狐疑地盯著我看。

「到底什麼事？感覺有點恐怖。」

我和媽媽對坐在餐桌前。我開口：「我希望妳不要嚇到……」

「到底什麼事？你休學了嗎？」

「沒有，我沒休學。」

「那是什麼事？你搞大誰的肚子了嗎？」

「我沒有讓人懷孕啦！」

「那到底什麼事？快點說，我可是緊張得要命。」

「就是……我喜歡男人，我從以前就喜歡男人。我想好好跟妳說這件事，我就是所謂的……同性戀。我只喜歡男人，不喜歡女人。就算妳帶我去醫院也沒用，這不是可以治療的疾病，也不是可以修正的個性。但我無所謂，我直到最近才放寬心，接受自己，我現在很幸福。這就是我想對妳說的……」

媽媽深深地嘆了一口氣，手肘撐著桌子，用雙手遮臉，人家說「抱頭煩惱」就是這麼一回事。我們陷入了漫長的沉默，媽媽又深深嘆了好幾口氣，我什麼話也不敢說，靜靜等著她開口。

她低著頭，不想抬頭看我，對我說：「你的狀況……真的治不好嗎？」

「我都說了同性戀無法修正，也不是可以治療的疾病。」

媽媽又嘆了一口氣，她平時很少嘆氣。她還是低著頭，我感覺她正在整理情緒。

「可是，不是會得愛滋病嗎？兩個男的……如果做那件事的話……」

媽媽認為愛滋病不是傳染病，而是兩個男人發生性行為就會得的病。

「兩個男人發生性行為不會感染ＨＩＶ病毒啦！」

「這樣啊……」媽媽又沉默不語。她好像想起了以前的事情。

我說：「我不是因為媽媽的教育方式而變成同性戀的。」

媽媽開口：「我沒這麼想，我不認為是我讓你變成同性戀的。只是……我想起了你的外婆，就是我死去的媽媽，她曾經說你是同性戀……在你還小的時候……我媽很了解你……我卻對她說的話感到生氣。我對她說：『妳說什麼傻話，我生的可是正正經經的孩子啊！』我說我生了一個正正經經的孩子……」

說完媽媽便哭了出來，她看起來很痛苦、很懊悔。其實我更後悔，我天生的性取向竟是惹父母傷心的那一種。這不是任何人的錯，媽媽沒錯，我也沒錯，可是，媽媽和我卻哭個不停。

「我生的可是正正經經的孩子，我也很認真地養育他，這不是我的錯！」

「我剛已經說了這不是媽媽的錯！這根本不是任何人的錯，我是個正正經經的小孩，只是我喜歡的是同性而已，只是這樣而已！我希望媽媽能了解這一點，我希望的是妳能認同我。」

「這種事誰能認同你？別太天真了！這不可能，我長這麼大也從來沒跟自己的父母說自己的性癖好！」

「同性戀不是性癖好！為什麼妳不認同我呢？」

「我做不到，我不想認同，這個世界也不會認同的！」

「就是這個世界不肯認同我！正因如此，我才需要媽媽先認同我。如果妳能認同我，我會輕鬆許多！」

「很抱歉，你死心吧。而且，社會會以嚴厲的眼光看待像你這樣的人，所以在未來的人生中，你絕對不可以向任何人提起此事。把這件事帶進墳墓，你知道了嗎？」

「我絕對做不到這一點！為什麼我要因為社會眼光隱藏自己？」

「我是怕你受傷才這麼說的！你不知道這個社會會怎麼看你，你不知道那有多恐怖！你會受傷的！」

「成長過程中我早就受過無數次傷了，只是妳不知道而已！過去我一直忍耐著，可是最讓我感到痛苦的不是別人的謾罵或暴力，而是我厭惡自己到想自殺的程度，這才是我最痛苦的事情！現在我好不容易接受自己，我只希望媽媽也能接受我！在社會接受我之前，我希望媽媽先接受我！」

「我不可能接受的，我做不到！你為什麼要對我說這些？讓我心情變得很差！沒有人聽到這種事會感到開心，你跟你朋友說這些事，他們也會覺得很討厭！你多少也要考慮一下別人的心情！」

「過去我都是一個人默默承受，從未對任何人說，我已經忍了二十年，妳還要我過躲躲藏藏的痛苦生活嗎？」

「你說的話只會讓別人心情變糟而已，就像我現在感到非常痛苦！我沒說要你一個人獨自承受，但這種事情不是可以隨便對誰說的！」

「我只是坦白真實的自己，如果這樣也會讓所有人心情變糟，那我算什麼！不要把我當成怪物！」

「成熟一點，不要老想著自己！我不想再說了。」

天空逐漸亮起來。媽媽開始做早飯，我回到自己房間，鑽進被窩裡。不知道睡了多久，我聽到媽媽走進我的房間，想要睜開眼睛卻睜不開，我想我的臉一定很腫，媽媽也是一臉哭腫的模樣。爸爸和妹妹此時早已出門了。

「你……良輔，辛苦你了。」

媽媽哭腫的眼睛再次充滿淚水，我的眼淚也跟著潰堤。

「我真的很痛苦。不過，我已經沒問題了，讓媽媽這麼痛苦，我很抱歉。」

「比起我，你……你才是最痛苦的。」

「我現在很幸福，只不過我花了二十年才接受自己，我相信媽媽也要花一點時間才能接受我是同性戀。」

「是啊，我很想了解你的心情，但很難做到。可能要花好幾年才能做到，也可能一輩子都做不到，不過，媽媽對你的愛不會改變。」

「謝謝媽媽，有妳這句話我就放心了。很抱歉拖妳下水，不過，我希望妳不要煩惱；妳要是煩惱，我也會覺得痛苦。」

「煩惱是一定會煩惱的。我們在北海道，你在東京，我們相隔兩地，我希望你能自由地做自己。不過，很抱歉，關於你的那件事，請不要再跟我說了。無論你跟誰交往或發生了什麼事，都不要告訴我。我和你就只是媽媽和兒子而已，除此之外的事情我都不想知道。」

「我知道了。」

「無論如何，媽媽永遠支持你。」

媽媽的一席話讓我感到挫敗，向媽媽出櫃這件事最後以失敗告終。原以為說出實情心裡會舒坦一些，沒想到不僅沒達到效果，還讓我後悔不該出櫃。

我和媽媽之間因為這件事產生了隔閡，在她的說服之下，我被迫放棄向爸爸出櫃的計畫。媽媽告訴我：「你爸爸絕對會跟你斷絕父子關係。」其實我早就做好被爸爸趕出家門的心理準備，並打算向他坦承，但如此一來，夾在中間的媽媽會很為難，為了避免最糟的狀況發生，我決定不向爸爸出櫃。

我和媽媽之間的隔閡，一直到七年之後才有轉機。

第5章

交往是開心的
交往是痛苦的

新宿陀螺劇場前的一見鍾情

在接受自己是同性戀，也向朋友出櫃之後，我的生活並未改變，我也不想改變。

我還有繼續接觸向媽媽出櫃前加入的同性戀社團，現在我一個人住，可以上網搜尋各種資訊。同性戀社團的性質相當多樣，包括運動、音樂、人權活動等，存在於各個領域。我也發現新宿附近還有聯誼性質的聚餐活動，但我不太敢參加。

我身邊有許多接受我性取向的朋友，我還有自己的夢想，已心滿意足。不過，像我這樣的人，即使和其他人一樣在社會上生活，還是很難遇到好男人發展戀情。

我說服自己：「我不一定要參加，只是上網看看有哪些聚會而已。」於是打開手機搜尋這附近的聚會活動，發現了「二十世代帥哥限定・餐會」這段文字。仔細一看，聚會日期就是今天。

我的心開始動搖。「二十世代帥哥」實在是太吸引人了。

話說回來，聚會主題是「帥哥」，我去報名會不會太不自量力？不過，每個人對帥哥的定義各有不同，抱持著這樣的想法，我戰戰兢兢地寫了封附照片的電子郵件給社團管理員。

信上寫著：「這是我第一次寫信參加聚會，還不確定會不會參加。雖然不確定我是否有資格去，但我希望能有機會參加。我今年二十一歲。」

社團管理員很快回信給我：「你好，我是社團管理員○○。你好帥啊！這次的聚會有許多像你一樣的年輕人，請務必蒞臨。此次聚會預計邀請三十人參加，晚上六點在新宿陀螺劇場前集合。」

像我一樣的年輕人……有三十人……雖然沒決定是否要去，但我還是下意識地洗了澡，用離子夾和髮蠟整理髮型。

我花了太多時間整理髮型，怎麼弄都不滿意，最後重新洗了一次頭，帶上針織帽就出門了。好不容易在最後一刻搭上前往新宿的電車，內心充滿期待和緊張。

當我抵達集合場所時，正好過了集合時間，現場已經有許多人聚集。

我趕緊跑進人群裡，對大家說：「對不起，我遲到了。」社團管理員大叔

（聚會限定二十世代帥哥，但社團管理員怎麼看都像四十幾歲的大叔）對我說：「你終於來了，我們都在等你。」

就在我加入、大家準備一起去聚會地點的那一刻，後方傳來一個男人的聲音。「不好意思，我也要參加。」

那個聲音低沉粗厚，十分好聽，我轉頭看聲音的主人，不禁嚇了一跳，我心想：「那不是索隆嗎？」

聲音的主人長得跟動漫《海賊王》裡的索隆一模一樣，最像的地方就是銳利的眼神和髮型。他的皮膚黝黑，體格精實，我真想和他做朋友。

會場裡有一張很大的方桌，自由入座，其他人還在猶豫該坐哪裡，我一屁股就坐下了。我這麼做是有原因的。

只要我先坐下來，覺得我不錯的人就會坐在我旁邊，我們很快就能說上話。我覺得其他人的動作都太慢了。

我雖然熱切希望索隆坐到我旁邊，但後來是穿著格子襯衫的理科男子，和染著褐髮、可愛的小個子男孩坐在我身邊。索隆對我沒興趣讓我感到失望，不過後來他坐在我的正對面，算是不幸中的大幸。

席間索隆喝酒的姿勢充滿男子氣概，我和他聊得很開心。索隆的名字叫拓馬，我原以為他的年紀比我大，沒想到比我年輕，愛打籃球，常到我家附近的體育館打球。他還說下次要來我家玩。

我聽了更加開心，忍不住一杯接著一杯喝，整場聚會大概只有我和拓馬喝這麼多。

主辦人在聚會的餐廳旁訂了續攤的地點，走路大約五分鐘就能到。我想和拓馬一起去續攤，但他要我等一下，接著就跑去找社團管理員大叔。我緊盯著他的身影，想知道他要做什麼，只見他跟大叔說：「我幫你拿東西。」便將大叔的東西拿過來，回到我身邊。

拓馬親切體貼的作風深深打動我的心。

續攤時我和拓馬坐在一起，我的目光完全鎖定在他身上。我發現還有兩三人也對拓馬有意思，看到這麼多情敵，不禁燃起了熊熊鬥志。

我說：「我想坐在拓馬的大腿上。」

拓馬回答：「好，坐上來吧。」

如此一來，任何人都別想靠近拓馬。我一坐上拓馬的大腿，他就用手環住我的腰，讓我靠著他的身體坐。他接著在我耳邊說：「良輔，你是我的菜。」

「哦，真的嗎？那為什麼剛剛聚會時你不坐我隔壁呢？我希望你坐在我旁邊，才會先選位子坐下來的。」

「是嗎？可是，要是我坐你旁邊，就看不到你的臉了。我是想看你，才鼓起勇氣坐你對面……再說，集合時你已經遲到了，你知道我為什麼比你還晚出現嗎？」

「你怎麼知道我是過了集合時間才出現的？你比我還晚來耶？」

「老實告訴你，我一直在旁邊觀察集合地點。我是第一次參加這類聚會，不知道會有誰來，所以我就想，要是過了集合時間還沒看到我喜歡的對象，我就回家去。後來我看著你跑過來，就決定參加這次的聚會了。」

於是我和拓馬接吻了，輕輕地吻了好幾次，絲毫不在意周遭的目光。我和拓馬的戀情就此展開。

麥克與奇普

我與拓馬在新宿的聯誼活動上一見鍾情，兩天後我們再次相約，在我家附近的咖啡廳見面。在新宿參加聚會時喝了許多酒，我藉著酒意坐在拓馬腿上，還和他數度接吻。如今我們在我家附近的咖啡廳喝咖啡，氣氛顯得有些尷尬，彼此沉默不語。回家時我們順路買了幾罐啤酒，在我住的公寓裡喝起酒來，再次打開了新宿聯誼模式。我主動向拓馬表白心意，他相當開心，對我獻上無數的吻。

記憶中好像是我先提出「一起洗澡」的邀請。這是我們第一次裸裎相見，彼此都顯得有些害羞。我關掉電燈，點亮蠟燭。我們幾乎是同時看見對方的裸體，拓馬的身體讓我看得目不轉睛、瞠目結舌。

他的身材結實精壯，絲毫不輸給肌肉猛男。他的一切都很大！我的小弟弟小到平時幾乎可以忘記它的存在，但拓馬的小弟弟大到驚人，讓我擔心「那麼碩大掛在那裡，一定很重吧」。

我在浴室裡忍不住驚呼：「天哪，好大啊！」拓馬顯得有些害羞，對我說：「是嗎……你的小東西也很可愛呢。」稱讚起我的身體。

後來，我們互相幫對方的小弟弟取名字。

拓馬的小弟弟叫「麥克」，我的小弟弟叫「奇普」。

麥克與奇普也和睦相處。我們睡覺的時候，拓馬對我說：「我好幸福，幸福到有些害怕……」

我們從第一次見面就進展神速，我可以理解他的恐懼心理。我和拓馬都不習慣幸福。

「說得也是。不過，幸福的時候，就好好享受幸福吧！未來若遇到任何問題，我們只要齊心協力克服難關即可。」

「可是……大家都說情侶如果一開始發展得太快速，戀情很難長久。這就是我現在覺得我們不該這麼幸福的原因……良輔，我可以相信你嗎？」

「當然！我們就開開心心地在一起吧！」

拓馬雖然看起來很堅強，但我覺得他的內心十分敏感脆弱，不過我不在意。他幾乎天天都在我家睡，我們過起半同居生活。

拓馬的心理陰影

我和拓馬展開半同居生活沒幾天，問題開始浮上檯面。拓馬就讀體育相關的專門學校，發生事情的那一天，他和同學約好了聚餐，會很晚回來，這是我和他在一起後，第一次享受一個人的夜晚。

我很享受一個人獨處的時間，我告訴他：「玩得開心一點。」送他出門後，一手拿著啤酒，一邊看著我最喜歡的外國連續劇，沉浸在幸福時光中。

才過沒幾個小時，玄關門就「砰」的一聲打開，只見拓馬氣喘吁吁地出現在門口。

我說：「嗨，你回來啦。聚餐不是才剛剛開始嗎？怎麼這麼早就回來？」

「良輔……你在幹嘛？為什麼失聯？快看你的手機！」

我一打開手機，看到超過三十通來自拓馬的未接來電和郵件顯示。

我趕緊說：「啊，對不起，我太專心追劇了。你找我有什麼事嗎？」

「也沒什麼事，只是聯絡不上你，我很擔心，超擔心的……大家才剛剛坐下來吃飯，我就衝回來了。真的是跑到快死了……」

「你就為了這點事跑回來嗎？事先付的餐費不就打水漂了？」

「我怕你是不是趁我不在帶別的男人回家，愈想愈不安。我一直在想要是你趁我不在時偷吃，我該怎麼辦……我的想法很奇怪嗎？」拓馬一臉歉意地說。

「拓馬，你真的很愛操心耶！我雖然有點驚訝，但完全不覺得你的想法很奇怪。我沒看手機是我不對，我以後會盡量做到讓你安心。」

「真的嗎？我好開心……對了，有件事想拜託你，當初參加聯誼時，你留了其他人的手機電郵信箱，我希望你把他們的聯絡資料全部刪掉……這樣的話，我會比較安心。」

「刪掉聯絡資料？……如果這麼做能讓你安心的話，我可以全部刪掉。」

「真的嗎？很抱歉我這麼任性，謝謝你。」

好不容易才認識其他同性戀朋友，就這麼刪掉聯絡資料有點捨不得，不過，現在對我來說最重要的是眼前的拓馬。朋友隨時可以再結交，不同的人生階段本來就會有不同的朋友，這是理所當然的道理。再說，拓馬是世界上唯一一個愛我的人。我在心底發誓，我會努力做到讓他相信我，讓他感到安心的程度。我也提醒自己一定要隨時注意拓馬打來的電話，不能讓他操心。

儘管我做了許多努力，但我們還是三天一小吵、五天一大吵。絕大多數的爭吵都來自於拓馬的小吃醋或嫉妒心。

當時我已從專門學校畢業，在一般公司工作。在日常生活中，我很小心地避免做出任何會讓拓馬操心的事情，但他還是會揪著芝麻小事疑神疑鬼。

他經常為了莫須有的事情跟我爭吵。有一次拓馬突然質問我：「你是不是在〇月〇日去了新宿？你去新宿做什麼？為什麼瞞著我去新宿？」

可是我怎麼想都想不起來自己曾經去過新宿。

於是我回答：「我沒去新宿啊！你為什麼認為我去新宿了呢？」

拓馬不願回答我的問題，在我逼問之下，他才支支吾吾地說，他擅自拿走我的電車ＩＣ卡，到車站列印出我的乘車資訊。那時我才知道，原來ＩＣ卡儲存著我在哪個車站搭乘電車，通過哪個剪票口等相關資訊。

他拿給我看的乘車資訊中，確實記錄著我從新宿站下車。可是我想不起來那天我有去過新宿，為什麼會這樣呢？我再次查看乘車資訊，才想起是怎麼一回事。

我因為工作開會的需要，常去明大前站，從明大前站搭乘直達車就能到九段下站，再從九段下站轉乘其他電車。不過，我那天在明大前站誤搭了停靠新宿站的電車，只好出新宿站，在外面繞了一大圈，轉搭其他電車。

實情是我搭錯電車，必須從新宿站下車轉搭其他電車，拓馬卻懷疑我到新宿站是為了和其他男人見面偷情……才會感到不安。

我很氣他為了這種事情懷疑我，也氣他偷拿我的ＩＣ卡。我盡一切的努力讓拓馬相信我，但他為我做了什麼？他是否同樣地努力相信我呢？一想到這一點我就怒不可遏，同時也湧現了最愛的男友不願相信自己的悲傷情緒。我們經常為了這類瑣事發生口角。

男友懷疑我劈腿、限制我的行動，而我那麼愛他，他卻不信任我，這種感覺真的很痛苦。但我更明白，最痛苦的其實是拓馬。他比誰都苦惱自己的行為。

我們剛交往的時候，有一次喝到爛醉，拓馬向我坦白一件事，這件事讓他變得善妒，不得不限制男友的行動。

拓馬剛懂事，他的父母就鬧離婚。不過，年幼的他不清楚大人之間的事情，更不理解什麼是離婚。拓馬目送著一邊流淚一邊走出家門的父親背影，問媽媽：「爸爸去哪裡了？」

媽媽回答：「因為你不聽話，所以爸爸離家出走了。都是你不乖，爸爸才不回家。」

從那天之後，拓馬每天都責怪自己，愧對父親的自責情緒讓他十分痛苦。

「或許受到這件事情的影響，我每天都很害怕最愛的人離我而去，你也是如此，我每天都擔心到無法自已……良輔，我很抱歉……你一定很討厭這樣的我……」

一顆顆淚水從拓馬銳利的雙眼撲簌簌地流下。他一邊哭，一邊對我訴說真實的心情。

如今拓馬已長大成人，他很清楚離婚不是不好的事情，也不認為父母離婚是因為自己的關係。只不過他的媽媽也是普通人。他媽媽當時的年紀跟我們現在差不多，可以想像她當時承受了多大的壓力。誰都沒錯。我撫摸著拓馬的頭，深刻感受到小時候的心理陰影是最難癒合的傷口。

為了拓馬，我希望可以透過我的努力，讓他揮別過去的創傷，重新相信別人，所以我盡全力面對拓馬的陰影。隨著時間流逝，我們交往了兩年。

驚喜婚禮

和拓馬交往兩年，快到我們生日的某一天，我以前的同學映里打電話給我。

「我想幫你和拓馬慶祝生日，所以訂好餐廳了。那是一家很棒的餐廳，需要穿著正式服裝，那天你們一定要穿最好的衣服來喔！」

當天我和拓馬都穿西裝前往餐廳，只見盛裝打扮的映里手拿錄影機對著我們說：

「老實告訴你們，我們今天籌備了小七和拓馬的驚喜婚禮！」

「真的假的！」

「這是怎麼一回事？不是說要慶祝生日，所以聚在一起吃飯嗎？」

「這是給你們兩人的驚喜！小七之前向我出櫃的時候，說過『很想舉辦自己的婚禮』，你還記得這件事嗎？我們一直都很想實現小七的夢想，現在終於有機會了！走吧，大家都在等你們。」

映里將我們帶到休息室，她要我們先在這裡整理服裝儀容。映里說她要先去會場，把我們留在休息室。不一會兒，會場的工作人員出現了，帶著我和拓馬進入婚禮會場。我們站在一扇大門前，我聽見會場內傳來我的第一個出櫃對象麻美的聲音。

「讓大家久等了，小七與拓馬已經準備好了，現在我們歡迎兩人進場！請大家熱烈鼓掌，歡迎他們！」

我聽見熱烈的鼓掌聲。我一直以為今天只有五六個人來而已，聽這個聲音，究竟來了多少人啊？

會場播放著結婚進行曲，工作人員緩緩打開大門，鼓掌聲洶湧而來。絢爛的燈光令人睜不開眼睛。仔細一看，我的朋友全都盛裝打扮，帶著笑容鼓掌歡迎我們的到來。有些朋友甚至流下感動的淚水。我還看到了百合與阿達，以及專門學校的同班同學、其他班級的同學，加起來應該有三十人吧？拓馬沒向親友出櫃，所以今天來的都是我的朋友，無論如何，這是我第一次接受這麼多人的祝福。

過去，我一直責備自己天生是同性戀，也堅信身為同性戀的自己絕對無法獲得幸福。如今，我在這麼多人面前，與最愛的拓馬手牽手，接受滿滿的祝福。淚水模糊了我的視線。我們在眾人祝福的鼓掌聲中走上紅毯，淚眼婆娑之間，我看見了麻美。麻美是我第一個出櫃的對象，她穿著教會修女的衣服，脖子上掛著一條大大的玫瑰念珠。四目相交的瞬間，我忍不住笑出來，麻美慌張地說：「不能哭，糟了……」趕緊用手帕按住眼頭。

她整理好情緒後，對我們兩人說：「由我來主持你們兩人的結婚儀式，沒問題吧？」

拓馬也發現麻美扮成修女的模樣，跟著笑了出來。我們都點頭同意由她來主持儀式。

「各位在場的親友們，我們今天聚集在此，是為了參加小七和拓馬的婚禮……」麻美修女說著說著又快哭了。

底下親友們紛紛為她加油打氣。「麻美，加油！」

麻美重重地點點頭。

「首先，拓馬，你願意發誓無論生病或健康、富有或貧窮、順境或逆境，始終敬愛小七，互相扶持，永遠不變地愛他嗎？」

「我願意。」

「很好。小七，你願發誓無論生病或健康、富有或貧窮、順境或逆境，始終敬愛拓馬，互相扶持，永遠不變地愛他嗎？」

「我願意。」

「那麼現在請交換戒指。首先請拓馬將戒指戴在小七手上。」映里將戒指交給拓馬，他將戒指套在我的無名指上。

「接著請小七將戒指戴在拓馬手上。」我從映里手中接過戒指，套在拓馬的無名指上。

「請兩位進行誓言之吻。」

拓馬從來沒在眾人面前和男人接吻，顯得有些遲疑，但還是伸出手輕輕托起我的下巴，在唇上輕輕一吻。現場立即響起熱烈的掌聲，麻美修女再次開口：

「我在此宣布你們結為夫夫，恭喜兩位！」

接下來，所有人移駕到派對會場，由專門學校畢業後出道成為偶像的同學帶領大家乾杯，展開一連串的活動。包括友人代表致詞、切蛋糕、香檳塔，以及所有出席成員共同參與的婚禮遊戲。

這是我人生中最幸福的一天，真的是最棒的驚喜。我沒忘記當初向映里出櫃時她說的話。

那天我坦承自己的性取向後，我對她說：「我希望有一天能舉辦婚禮，但我是同性戀，不可能實現這個願望，只能看著身邊的朋友一個個結婚成家。如果我身邊所有的朋友都結婚了，我就剩孤零零的一個人。我的人生注定寂寞淒涼，到死也只有我自己。」

映里咬牙切齒地靜靜聽完我說的話，最後對我說出她的心聲。

「你說這話一點也不像你！我覺得你一定要比任何人都幸福才行，這樣那些比你還晚出生、跟你一樣的人，就能以你為範本！所以，你一定要幸福才行，千萬不能放棄追求幸福的權利！」

映里也記得當時的事情，才為我企畫了驚喜婚禮，實現我所有的夢想。

後來我跟映里共同成立了一間小型婚禮公司，名為「Juerias LGBT Wedding」。

成立宗旨就是要讓所有情侶都能安心舉行婚禮。這場驚喜婚禮可說是我們成立這家公司的契機。

「Juerias LGBT Wedding」不止舉辦婚禮，也幫助新人介紹製作公正證書的法律專家，以避免法律爭議，協助排除所有可能的問題。此外，還與各式企業合作，提供壽險、不動產、死後問題等服務，舉行各種活動與讀書會，促進各界交流。

話說回來，當時我在一般公司當業務員，在那樣的環境實在很難一展身手。別人挑我的毛病都與業務無關，他們最常要我「行為舉止像個男人」，挑剔我拿包包的方式、坐姿、說話方式等。小學導師曾經對我說過：「如果照這樣下去長大成人，可就糟糕了喔！」我現在深刻體會老師說這句話的意思。即使已經長大，不能做自己的痛苦依舊壓得我喘不過氣。我無力改變，就這樣被貼上了「社會適應不良者」的標籤，最後也頂著「社會適應不良者」的身分離開了公司。

儘管在公司很難熬，但辭職後的日子過得比在公司更痛苦。我覺得我在這個社會上沒有立足之地，因為我沒有價值。當時我每天都在檢討自己。正當我陷入個人認同危機之際，朋友為我舉辦的驚喜婚禮成為最好的禮物。

不可諱言，這個社會對我極不友善，同性戀獲得幸福的比例遠低於受苦煎熬的例子。不過，出席這場婚禮的眾多親友讓我明白，我絕對不能放棄追求幸福的機會。

正因如此，我必須盡可能地追求自己的幸福。我也認為當包括同性戀在內的性少數群體想要掌握自己的幸福時，這個社會應該能展現出更多的包容。

當有人想追求幸福，相信所有人都會想為他加油。基於這個想法，我才成立了「Juerias」，這個想法也成為公司最重要的經營理念。映里登高一呼為我籌備的驚喜婚禮，改變了我的生活方式與未來的人生。

不變的嫉妒心

驚喜婚禮之後，我跟拓馬的生活依舊沒變。

我們還是一如往常地床頭吵、床尾和。有一天我正在工作，拓馬寫了一封手機郵件給我，上面寫著：「我今天要回爸媽家睡。」

我回信給拓馬，告訴他我知道了。下班後回到空無一人的家裡，打開家門，在玄關脫掉鞋子，打開房裡的燈。我播放起國外連續劇的ＤＶＤ，一邊喝著剛買的啤酒，享受一個人的時光。

大概過了三十分鐘，我按下ＤＶＤ的暫停鍵，起身去上廁所。

打開廁所門，開燈，那一瞬間我大聲尖叫。

本不該有人的廁所竟然坐著一名男子。我嚇到當場跌坐在地，幾秒鐘之後才發現那名男子是拓馬。花了一段時間後我才恢復冷靜。

我問拓馬：「你在幹嘛？」

他回答：「我在測試你。」

「測試什麼？」

「我想測試你會不會趁我不在家，帶別的男人回來。」

「那我過關了嗎？」

「嗯，你過關了。」

拓馬絲毫沒有伸出手，把跌坐在地的我扶起來的意思。我過去承受的怒氣，在這一刻爆發開來。

「什麼過關不過關的？你這傢伙給我差不多一點！」我用盡全力才好不容易站起來，衝到拓馬面前大叫，用力拍打他的臉跟身體。

「你還敢測試我？（啪）說我過關？（啪）給我（啪）差不多一點！（啪）你這個渾蛋！（啪）」

拓馬承受著我的巴掌，一動也不動。我氣到失去理智，為什麼他就是不了解我的心意？

「朋友（啪）還幫我們（啪）舉辦婚禮（啪）！你為什麼（啪）不了解（啪）大家的（啪）心意呢！（啪）」

我最後一巴掌打在拓馬的脖子與下巴一帶。他氣得站起來，一拳打在我的肩膀上。我不知道他是不是真的想打我，但這一拳好痛。拓馬的體格比我大兩倍，這一拳會痛也很正常。如果真要打架，我絕對打不過他。

我跑到玄關，拿起拓馬的籃球鞋，抓著鬆開的鞋帶，揮動著球鞋，往向我追來的拓馬臉上丟過去。球鞋正好打中拓馬的嘴，他的嘴角流血了。

拓馬吃痛一聲，用手擦拭嘴角的血，狠狠地瞪著我。

我心想不妙，他可能會殺了我，於是立刻開門，連鞋子也沒穿就跑出去，跑到住在附近的公司女性前輩家裡。前輩問我發生什麼事了，我簡單描述過程，露出剛剛被拓馬揍的肩膀，發現一大塊瘀青。她看到我身上的瘀青，立刻跟我說：「先不管是誰的錯和發生了什麼事，你先打電話求救吧。」她建議我打電話給政府機構成立的「女性中心」家暴諮詢窗口。她接通電話後，把電話交給我，對方問我：「你是男性，對吧？」

我回答：「是。」

「請問你是被交往的女性家暴嗎？」

「我們是同性情侶，我不知道這算不算家暴，但朋友要我先打電話給你們……」

「……是同性情侶嗎？原來如此……很抱歉，我們這裡是女性專用的諮詢窗口。」

「喔，這樣啊。我知道了，很抱歉打擾。」

我幹嘛自取其辱呢？這個社會一直把同性戀當成隱形人。

前輩好心地想留我過夜，我原本也想接受她的好意，但一想到拓馬一個人在家，覺得過意不去，也很擔心他現在的狀況。

我向前輩借了雙拖鞋，回到拓馬身邊。回家後，我發現他一個人神情萎靡地坐在床上。我看見他臉上的傷，心裡好痛。

拓馬先開口向我道歉。「對不起。」

「我也對不起……你的嘴巴還好嗎？」

「一點小傷口，已經沒事了。」

「我的肩膀也是有點瘀青而已。」

「真的嗎？對不起。」

我們互相擁抱，我知道我們是真心相愛，但我們只會以笨拙的方式生活。遇到一點小事就掀起風暴、摧毀一切，接著發現彼此的重要性，再次重生。因為是自己最愛的人，所以會嫉妒，遭到對方妒火焚身的人也會發怒。那個時候我仍舊相信我們一定會在這個過程中互相扶持，攜手走下去。

稍微岔開話題，我現在和先生亮介在東京的江戶川區共同經營「LGBT

社群江戶川」。各位如果需要諮詢，如今無論是性少數群體或任何性別的人，都能諮詢與家暴有關的事宜。我也曾打電話到由江戶川區公所成立的配偶暴力諮詢支援中心了解實際情形。

「我想請教一下，你們這裡有提供同性伴侶的家暴諮詢嗎？」

「您說同性是指？」

「就是相同性別的同性，也就是男同性戀或女同性戀的同性伴侶。」

「有的，我們有提供同性伴侶的家暴諮詢。」

我想如果不說清楚，接電話的窗口可能只會以為我們是「同居」的伴侶，而不是「同性」伴侶。打電話過去的民眾也很難以三言兩語說明清楚，所以我覺得乾脆開門見山地坦承自己是同性戀，這樣可能簡單一點。

漸漸改變的愛

在朋友幫我和拓馬舉行驚喜婚禮的一年後，我開始察覺到他的狀況愈來愈不對勁。

拓馬原本就愛喝酒，但他現在經常帶著一瓶威士忌，到哪裡都不以為意地喝著酒。與其說他是因為喜歡而喝酒，現在的他倒像是為了讓自己痛苦而喝，想將所有的不如意全部喝下肚。他看起來總是愁眉不展，無論誰來看都能清楚察覺他的異狀。

我曾經問他是否發生了什麼事，他回答：「我有事……可是我現在不想回憶起那件事。等我能說的時候，再告訴你。」

既然他不想講，我想先觀察一段時間好了，誰知第二天早上就發生了問題。

我醒來時，發現拓馬正看著自己的棉被。

我問他：「怎麼了？」順著拓馬的視線看向棉被，發現棉被溼了。他好像昨晚尿床了。我雖然有些震驚，但仔細一想，此時大驚小怪對他沒有好處，所以只是輕描淡寫地說：「你昨晚喝太多了。」我先送他出門上班，接著趕緊將棉被拿到浴室清洗，曬好棉被後才出門工作。可以確定的是拓馬心裡有事，但我想他昨天或許只是喝太多才會尿床。沒想到，接下來的兩天，他每天都尿床。他究竟發生了什麼事？我真的好擔心。

「拓馬，你又尿床了。我不知道你發生了什麼事，但我想你不妨看一下心理醫生，我會陪你一起去。」我不想傷害他的自尊，所以盡可能說得不痛不癢，好像在聊天氣一樣，沒想到還是惹得拓馬大發雷霆。

「不要把我當成病人！」

「可是，你一直在尿床，我相信你也很痛苦。」

「我只是喝太多而已。」

「可是我喝到爛醉的時候，頂多就是一邊睡一邊吐，從來不會尿床啊。」

「我知道啦！」

「既然知道就一起去嘛！」

「我絕對不要去看心理醫生！」

「為什麼呢？你是因為心裡有事才會尿床，我們去找醫生，請醫生開藥給你就好。說不定……」我知道拓馬為什麼不想去看心理醫生，並不是因為他認為看身心科很奇怪，而是他怕醫生看出來他是同性戀，他不希望自己的祕密被揭穿。對於想要隱藏同性戀身分的人來說，這是最大的恐懼。

高中時長谷曾經勸我去看醫生，我也是同樣的心情，所以我很清楚他在想什麼。

第二天早上，拓馬又尿床了。我原本打算拖也要拖他去看身心科，但他的身材比我壯太多，根本拖不動。和他深談之後，他同意去看泌尿科，於是我和拓馬一起去就醫。

拓馬一臉陰鬱地走出診間。

他對我說：「醫生要我去看身心科，但我不去，醫生同意開藥給我吃，我先吃藥再說。」回家的路上拓馬異常地沉默。

回家之後，拓馬支支吾吾地說：「你願意聽我說說最近發生的事嗎？」

「我願意，我要聽！」

「最近我不是去參加同學辦的聚會嗎？你還記得這件事嗎？」

「嗯，我記得你說要和同學去喝酒。」

「那天去的都是很要好的朋友，大概有十個人吧！喝完後我們還去唱KTV，唱到一半我去上廁所，回來之後……」拓馬看起來很痛苦，鼓起極大的勇氣才繼續說，「我從廁所回來之後，發現有個同學在偷看我的手機。那個人說：『拓馬，原來你是同性戀啊。』其他人跟著起鬨說：『好噁心喔。』我的臉都綠了。我想掩飾過去，就笑著說：『我怎麼可能是同性戀。』但對方依舊不放過我，還是纏著我說：『說實話，你是同性戀吧？』我很想知道他究竟從我的手機裡看到什麼，所以我又去了廁所，發現他們看了我和你的郵件往來，我就知道我真的完了……」

「那還真的很難圓……」

「等我在廁所看完手機，回到包廂時……發現大家都走了。」

「什麼？他們丟下你，自己走了？」

「是啊，我趕緊打電話給他們，但沒人接我電話。後來好不容易有人接了，卻跟我說：『你這個死同性戀在幹什麼？大家都在車站，你怎麼還不來？』我急忙趕去車站，結果他們都不在。」

「太過分了……他們後來有跟你聯絡嗎？」

「從那天之後，他們就沒有再理我了……我不知道該怎麼辦。我被人發現是同性戀，要是這件事傳開來，大家都知道的話，那我就真的完了……我真的無法承受……」拓馬垂頭喪氣地說著，灌下一整瓶威士忌。

拓馬長這麼大，從沒想過跟別人說自己是同性戀，這件事一定讓他深受打擊。我覺得拓馬好可憐，我的心好痛。

話說回來，那些謾罵拓馬，還趁著他上廁所時溜光的人，究竟算什麼朋友？那十個都是成年人，卻沒有一個人說要等他，或覺得把他一個人丟在包廂裡很可憐，甚至沒人出面制止其他人嘲笑他。我懷疑那些人全都不正常，也覺得把那些人看作朋友的拓馬也有問題，這是最令人難以忍受、無法原諒的行為。

都是那些人害得拓馬現在每天擔心自己是同性戀的事情會傳開來，也沉溺在失去重要摯友的悲傷中，無法走出來。

如果當時我向麻美出櫃，麻美對我說：「你是同性戀啊？好噁心！」說完便掉頭離去的話，我一定會立刻自殺。沒想到拓馬真的遇到這種事情，這實在是難以想像。如果造成的後遺症只有尿床，那還算好。

我一想到拓馬的心情就坐立難安，真希望能立刻找到那十個人，要他們坐在我面前。我要讓他們了解拓馬感受到的恐懼和屈辱，我要他們向拓馬道歉。

「我絕對不原諒他們……拓馬，你現在還當他們是朋友嗎？如果是我，我一定跟他們絕交！」

「他們是我重要的朋友。」

「那就打電話叫他們出來。如果是重要的朋友，好好溝通，他們一定會了解你的心情。我要見他們，跟他們說：『我就是拓馬的男朋友，你們有什麼意見嗎？』如果他們還是要說你的壞話，我會不惜一切代價毀了他們的人生，我要讓他們為了傷害你而付出代價！」

「良輔，算我求求你，什麼也別做……事情會變得很難收拾的。」

我就知道拓馬會這麼說，而且他說得很對。我介入此事對他來說並不是好的解決之道。這是拓馬自己的問題，我無從插手。因此，我只能相信拓馬，在一旁守護他。我現在的立場還是真是煎熬啊！

「我知道了，我什麼都不會做。既然他們是你重要的朋友，我也不會再說他們的壞話。不過，我一定要告訴你，就算出現最壞的結果，就算你失去所有的朋友，你還有我。我和我的朋友都站在你這邊。」

我以為我這麼說多少可以讓拓馬感到安心，多少可以減輕他的痛苦，但他思考的事情超乎我的想像。

拓馬抱著頭對我說：

「都是我不好，我不該是同性戀……我想變成『正常人』……」

我實在是太震驚了，嚇到說不出話來。

他接著說：「我一直在考慮，我應該要努力去喜歡女人。只要我努力去做，或許就能變成正常人……這麼一來，我就能變幸福了。」

拓馬這句話的意思是，都是因為跟我交往，他才會傷心嗎？他的意思是，我讓他不幸嗎？的確，如果我沒和他交往，他和我之間的郵件就不會被別人看到，也沒有人會發現他是同性戀。但也不能因為這樣，就要我和拓馬分手，好讓他去努力喜歡女人啊！我過去的付出究竟算什麼？他要如何彌補我？不過，我也知道現在跟拓馬說什麼都沒用。我的直覺告訴我，就算痛苦不堪，我也一定得抽身。

「如果努力就能喜歡女人，這個世界就不會有同性戀了。不過，如果你認為這樣可以讓你幸福，我也無所謂。我會支持你的。雖然我認為這麼做沒意義，但只要努力，或許會有收穫。沒問題，我們分手吧。」

「我是說真的。」

「我也是。我們兩個從一開始就努力到現在，我們都盡力了，而且和你在一起的日子，我也覺得很快樂。」

幾天後，拓馬開始整理過去三年半同居生活期間，他帶到我家的物品。拓馬曾在迪士尼樂園鼓起勇氣買了一對馬克杯，他小心翼翼地用報紙包起屬於他的那個杯子，放進背包裡。

拓馬翻閱著我們交往期間寫的交換日記，對我說：「我想我會有一段時間感到很寂寞，我可以帶走這本交換日記嗎？」

「可以啊，要是有一天我在哪裡遇到你，一定要給我看喔。」

「我知道，我會好好保管的。」

最後，拓馬將交換日記塞進背包，拉上拉鍊。離別的時刻終於到了。

「這次真的是最後一次見面了，良輔，過去這段時間謝謝你的陪伴。」

拓馬站了起來，向我鞠躬。就跟我剛認識他的時候一樣，他還是那個誠實有禮，我最愛的拓馬。

「謝謝你。」

拓馬走出玄關，回頭看我，慢慢地關上門。門逐漸關起來，他的臉也愈來愈不完整。我們一直注視著彼此，直到門完全關上為止。拓馬看起來泫然欲泣，腦中浮現各種回憶，我相信在他眼中，我也是跟他一樣的吧。

當門完全關上，看不見彼此的臉，我聽到拓馬的腳步聲愈走愈遠。最後，我再也聽不見他的腳步聲。

心中有個聲音告訴我：「現在去追還來得及！」但我做不到。我已經沒有留住他的理由了。我其實還有許多話想對他說，但全都不能說。要是全都說出來，只會讓他淚流不止、平添痛苦罷了。所以，我只能對他說：「謝謝你。」

夢幻之城擺在我眼前的現實

拓馬離開後，我出乎意料地冷靜。我曾經想過拓馬不在時我會怎麼樣，但我既不悲傷，也沒有分手的感覺。直到現在，我都覺得他會怒氣沖沖地打開大門，對我說：「良輔，你還真的都不跟我聯絡啊！」

話說回來，我現在必須做一件事。我必須跟那些為我和拓馬舉辦婚禮的朋友，報告我們分手的事情。他們是真心為我們祝福，我辜負了他們，覺得很難過。我告訴映里和麻美這件事，她們很擔心我，還跑來我家找我。

麻美一見到我就說：「我們買酒過來了！人遇到這個時候就是要喝酒，對，來喝酒！」邊說邊幫我倒酒。

麻美和小石分手後就變得很會喝酒，還抽起菸來了。不僅如此，就連個性也變得跟大叔一樣。我現在還有心情嘲笑麻美。

「麻美，妳怎麼跟大叔一樣啊！」

「別管這個了，來喝酒。」

「謝謝。」

映里一口氣將酒喝完，問：「小七，你還好嗎？」

「我出乎意料地好，覺得自己重獲自由了！當時你們還特地幫我們舉行驚喜婚禮，我反而覺得過意不去。」

「我就知道你會這麼說，但你千萬不要在意，那都是我們擅自主張做的事。」

「麻美修女，妳願意赦免我嗎？」

「赦免是神才能做的事，我們喝酒吧！」

無論發生什麼事，我的朋友都會立刻到我身邊陪我，聽我說話，我有這些好朋友真的很幸福。不曉得拓馬現在怎樣了？就我所知，他根本沒有這樣的知心好友。我跟她們說了拓馬的朋友對他做的事。

「那算什麼朋友啊，根本就不能算朋友！」

「天哪！這對拓馬也太殘忍了，他一定很難過……」

映里十分憤慨，麻美則是同情拓馬。

「只能在一旁守護的小七也很煎熬呢！」

我只要跟她們說一件事，她們就能完全理解我的心情，我衷心感謝朋友們的支持。後來，我突然發現了一件事。麻美跟映里都沒有男朋友，我們三個目前都是單身。於是我問：「我們三個人之中，不曉得誰會先交男朋友。麻美，妳覺得呢？」

「我覺得一定是小七，我認為你已經準備好往前走了。」

「我也這麼想。」映里附和麻美的想法。

「其實……我也這麼想。」

這天麻美和映里來找我聊天，我們聊得很開心；當她們兩人回去的時候，我卻覺得有些空虛。同樣的房間，同樣的浴室，同樣的床，卻覺得缺少了什麼，有點冷清。我忍不住想拓馬現在是否後悔跟我分手？他在家是否也尿床？一想到這些，就開始擔心了起來。

時間過得很快，拓馬離開我已經三個月了。

我絲毫不覺得已經過了這麼久，若真要說，我到現在仍未感受到自己已與拓馬分手。不過，看來我真的跟拓馬分手了三個月，我根本想不起來自己是怎麼熬過這段時間的。說得具體一點，我根本不覺得自己活著。

幸好我和拓馬分手沒有任何感覺，所以感受不到痛苦、悲傷與寂寞。不過，或許我也因此對其他的事物無感。

有一天，為了和朋友去買東西，我出門搭公車前往約定地點。雖然特地約了朋友出門購物，但對我來說這是稀鬆平常的生活，今天也會是平凡的一天。我坐在公車後方的座位，對著窗外發呆。

我看到遠處迪士尼樂園的城堡，當我意識到「那座城堡」，腦中忽然湧現與拓馬相處的回憶。就在此時，我感到十分痛苦，彷彿有人揪住了我的心臟，我的眼淚忍不住掉下來。我花了好長一段時間才明白自己發生了什麼事，我想起許多和拓馬一起嘻笑的甜蜜回憶，還有激烈爭吵互相傷害的無數齟齬……

就連去迪士尼樂園慶生，也因為害怕被發現是同性戀，無法實現和拓馬牽手漫步的夢想，走路時也必須保持一公尺的距離……拓馬跟我交往時到底幸不幸福？我不僅無法以男友身分在一旁守護他，還做了許多傷害他的事。

「拓馬……真的很抱歉……我真的愛過你……真的很抱歉……」

我在公車上獨自擦拭淚水與鼻水。啊，我的心好苦啊！失戀的悲傷遲了三個月才來。夢幻的城堡彷彿對我說：「你也差不多該來城堡走走了，現實世界並不差喔……」

原來如此，是我一直不願面對現實！是我不願面對拓馬離我而去的事實。從分手的那天起我就沒有任何感覺。我之所以覺得不對勁，或許是受到內心的防禦反應影響。拓馬已經不會回來了，夢想樂園的城堡告訴我再怎麼痛苦也必須接受現實。現在，我應該可以接受現實了。

拓馬，我要往前走了。迪士尼樂園充滿了我和他的回憶，我現在還無法走進去，但總有一天我一定能掌握新的幸福，和新的另一半在那座城堡裡創造滿滿的回憶，我一定會幸福的！我希望拓馬不要再去想傷害我的事……我希望他也能獲得幸福……拜託……

我鼓勵自己重新振作，從後方座椅的窗戶眺望城堡，擤乾鼻涕、擦掉淚水、其他乘客可能會覺得我的行為很怪異，但現在的我完全不在意。

心情好不容易變得舒暢，我才不管別人怎麼想！

下公車後，我覺得我的人生又重新出發了。沒想到今天天氣竟然如此晴朗，心情如此暢快，這種感覺真好。搭公車之前，我一直沒發現從拓馬離開的那一天起，我就一直透過毛玻璃看這個世界。

我重新起步，邁向自己的幸福……

熱愛哈雷機車的男子

夢想國度的城堡讓我看清現實，就這樣，我開始尋找新戀情已過了幾個月，和拓馬分手也超過了半年。遲遲沒出現比拓馬更好的男人，我覺得有些心灰意冷，就在此時「雄太」出現了。

我和雄太是透過網路認識的，他來自關西，與我同年，身高一八三公分。雄太的臉型較圓，和科幻時代劇動畫《銀魂》裡的近藤勳很像，感覺有些孩子氣，渾身散發著男人的浪漫感。對身高一七八公分的我來說，我只要踮腳就能和他接吻，可說是最好的身高差。我之前交往的人都比我矮，所以一直很嚮往踮腳接吻的場景。

有一天，我們在夜晚的路上走著，遠處傳來摩托車的聲音。

在我聽起來只是普通的噪音，但聽在雄太耳裡似乎不是這樣。每次聽到摩托車聲音的時候，他總是很專注，然後以天真無邪的表情對我說：「現在這個是哈雷機車的引擎聲，跟剛剛那個聲音不一樣吧。不愧是哈雷，聲音真好聽！」他的眼神閃閃發光，像純真少年般開心地說著摩托車的話題。我完全聽不懂他在說什麼，可是使出渾身解數對我說明的雄太，實在是太可愛了。

我和雄太在外面走路時都會保持距離。我不希望他被別人發現是同性戀，所以不會靠他太近。不過，只要走進家裡的玄關，之前壓抑的熱情就會瞬間爆發。我拿出鑰匙打開家門，讓雄太先進去。

接著我也走進玄關，等到大門「喀嚓」一聲關起來，雄太就會猛烈地吻向我。我一邊和他接吻，一邊脫鞋，雙手挽住比我高的雄太的脖子。

他順勢把我抱起，再輕輕地放在床上，接著跨坐在我身上，在床上吻我。

雄太的吻熱烈又溫柔，宛如將我全部包覆起來，讓我全身都快融化了。我到現在才知道，原來接吻是一件這麼舒服的事情。我只要雄太的吻就能活下去，其他什麼都不需要。雄太脫下我的褲子，一邊親吻我，一邊撫摸我的大腿。

「你的體毛好稀疏，光溜溜的，好可愛喔……」

「謝謝。那個……雄太，我們再親吻一百次就睡覺好不好？」

「好啊，我已經吻了六十八次……還有三十二次。」

「雄太，你真的可以當數學老師了。不過，從這次開始算一百次，所以還有九十九次。」

「真拿你沒辦法。」

雄太將雙手放在我的臉左右，在我身上做起伏地挺身，每次身體往下時就親我一次。

「一次、兩次、三次……」

「不對，不是這一種，我要剛剛那種吻。」

「好吧……小七，你真的很任性耶！」

我們再次陷入熱吻，我的心已完全沉醉在雄太的親吻裡。

「這種吻……怎麼算一次啊……我不會數……」

「到剛剛為止算一次。」

「到剛剛為止算一次？我還以為這樣算十次呢！……這樣會沒完沒了的。」

「那就吻到睡覺為止吧。」

「好……」

我完全被雄太迷住了。他告訴我他的夢想，希望未來能經營一間專門修理哈雷機車的修車廠，同時販售哈雷機車，所以等他存夠錢就會辭職，報考修理機車的專門學校。聽他分享自己的夢想，我也忍不住想像自己的未來。我是一間小型哈雷機車店的社長夫人，社長當然就是雄太。一樓是店面，二樓是我和雄太居住的地方。我們僱了幾名修理技工；我每天都會做午餐，一到中午就拿到一樓給大家吃。

我會說：「大家辛苦了，來吃午餐嘍，快去洗手！」

當我跟雄太說起我想像的情景，他笑著說：「八字還沒一撇呢。」

我和雄太的關係持續了一段時間，雖然我們還沒交往，但我想在正式交往之前好好與他相處。

有一次，雄太說要跟機車同好去騎車，我希望他路上一切順利，所以用不織布裡面塞棉花，做了一個護身符給他。喜歡騎機車的雄太真的很帥，但一想到他可能在騎車時出事，我就坐立難安。一回神才發現我已經拿起針線在做護身符了。

幾天後，我們兩個去附近一家看起來不太乾淨的中華料理店吃飯，我把做好的護身符拿給雄太，他卻不肯收。

「我不需要護身符保護我，我每次騎車都很小心，不會出事啦。」他說。

「我給你護身符是為了讓自己安心，算是為你送行的一點心意。」

「不要，我才不拿這種東西！」

「為什麼？還是你的宗教信仰不准你拿別人做的護身符？」

「也不是這樣……小七，這個禮物太貴重了。我們又沒在交往……」

「那就交往啊！」

「在交往前就把我們的關係看得這麼認真，我沒辦法和這樣的人交往。」

「……對不起。」

「……不是，老實告訴你，其實我最近才剛剛有了穩定交往的對象……可是我不想傷你的心，不知道如何告訴你，我才應該向你道歉。」

雄太打開折疊手機，讓我看他的手機螢幕。雄太和對方的合照已經設成他的手機待機畫面了。

「不會吧！這傢伙幾歲？」

「他是高中生。」

「高中生！」

「他最近才出櫃，很容易被騙，所以我一定要保護他才行……」

「保護？你只是喜歡年輕小夥子罷了，尤其是那種毛都還沒長齊的小孩，所以你才會說出『沒有毛，光溜溜的好可愛』這種話。」

雄太被我說得啞口無言。

我原本想拿起餐廳的杯子，將水潑在雄太身上，轉身回家去，但如果別人以為我是惱羞成怒才這樣，那我會更生氣。於是我決定拿起水杯一口喝完，將杯子用力放在桌子上，雄太卻沒有任何反應。

「祝你幸福。」我實在吞不下那口氣，只好用充滿嘲諷的語氣說出最後一句話。我一點都不希望他幸福。

我衝出中華料理店，氣噗噗地走了一段路，思考未來該怎麼辦。

大多數與我談戀愛的同性戀者都喜歡年輕男孩。我不知道該怎麼解釋，但那些喜歡我外表的同性戀者，基本上都喜歡身材纖細、有瀏海，屬於可愛型的男子，所以年紀愈輕愈受歡迎。每天都有可愛的年輕男孩進入同性戀市場，而我已經逼近二十五歲，快變成同性戀世界的邊緣人了，說不定我早就過了賞味期限。事實上，確實有人這麼對我說過。

雖然知道著急也沒用，但還是忍不住焦慮。這次雄太選擇年紀比我輕的高中生，可說是自然的結果。我已經沒辦法和年輕男孩在同一個賽場上較勁了。我很清楚年齡增長的好處，但喜歡我這個類型的同性戀絕大多數都會選擇年輕男孩，這就是我焦慮的原因。

我總有一天會和可以成為人生伴侶的人談戀愛，但絕大多數的同性戀並非如此，他們只想享受自由的戀情。雄太就是其中一例，他並不想「和男友走入家庭」，只想和年輕男孩玩玩。正因如此，當我察覺自己是同性戀時，我只能放棄「結婚」的夢想。我認為我這一次會輸給年輕的同性戀者，純粹就是因為年紀的關係。青春是最大的威脅。

無論如何，我一定會找到我的人生伴侶。現在的日本不承認同性婚姻，所以同性戀無法選擇結婚或不結婚，但絕大多數的人都有結婚與否的選擇，這是他們生活的一大前提。我也想跟大多數異性戀者一樣，可以自由選擇是否結婚。重點是，我想結婚。雖然我不認為結婚等同於幸福，但可以和姻親往來或煩惱婆媳問題，還是令我羨慕不已。我天生就是同性戀，不想因此忍受不公平的待遇。我相信我的命定之人就在某處，我一定會遇見他。我一邊走一邊如此想著。

我將手放進口袋，手指摸到了某樣東西，那是雄太拒絕接受、我親手做的護身符。現在冷靜下來仔細看著那個護身符，才發現做得真是粗糙。我怎麼會做出這種東西？連我看了都覺得噁心。我將護身符丟進路邊垃圾桶，往車站走去。

第
6
章

焦急，奔跑，跌倒，再爬起來

和男友的室友的男友……

我已經徹底放棄了雄太。當我聽到他和高中生交往的那一刻，我對他的愛慕之情立刻變成厭惡之心。

像雄太這樣的人，無論到了幾歲都喜歡年輕男孩。他現在交往的高中生男友，過了十年也會變成快三十歲，到時候雄太一定會再尋找其他的年輕男孩——如果他們撐得到十年的話。我不是不明白「追求年輕戀人」的心情，或許大多數的人都是這麼想的，但我未來想要實現的家庭夢想並不適合雄太。雄太這樣的人只要一輩子追求年輕男孩就好，與我無關。

我現在想要的是可以共度一生的伴侶。

在同性戀的世界裡有一種說法，像我這類「瀏海系」的「小受」賞味期限很短。過了二十五歲不再受歡迎的小受會被迫轉為「攻」，改變自己的路線。我自己便親眼見過好幾個實例，我不希望變成那樣。

雖然現在法律上沒有同性婚姻，但我想找到自己的人生伴侶。我想培養在我年老色衰後依舊能有羈絆的情分，我想尋找可以建立穩定關係的伴侶。正因如此，我對雄太沒有任何留戀。不過，還是有一個後遺症。我一直忘不了雄太的吻，於是我透過網路不斷尋找跟他一樣高的同性戀。

我從雄太身上發現，身高一八三公分可以實現我踮腳接吻的夢想。

在此條件下，我開始與「涼太」交往。

涼太染了一頭金髮，他是義大利餐廳的主廚，身高一八三公分，與雄太一樣高，不過身材纖細，看起來沒那麼魁梧；年齡比我年輕一些，但做人溫和有禮，有一種成熟男人的安心感。

剛開始和涼太交往時，我每天都過得很開心。涼太和他的朋友「孝一」共租一間公寓，孝一也是同性戀，所以涼太和孝一的家裡經常有許多同性戀來玩。大家一起去公共澡堂，一起在家過夜，喝酒玩遊戲，玩輸了還要接受懲罰，彷彿回到青春年代。我從來沒有這麼開心，每天晚上我們都開派對玩樂。

涼太的室友孝一與我同年，他有個男朋友叫「弘樹」，還有幾個弘樹認可的炮友。我很快就跟孝一的男朋友弘樹混熟，成為好友。

有一次我跟涼太、孝一與弘樹四個人一起吃飯，那天之後，我發現即使我和涼太在一起，也會在意弘樹的一舉一動。

快樂的時間總是過得特別快，我和涼太交往已經過了兩個月。弘樹住的地方離我家很近，每到週五晚上，他就會開車到我家接我，我們再一起去涼太和孝一的家。

有天晚上，平時總是沉默寡言的弘樹一邊開車，一邊跟我說：「良輔，我覺得你真的很可愛。我第一次見到你的時候簡直驚為天人，那天我完全不敢看你的眼睛。」

「孝一也很可愛啊！」我說。

「孝一哪能跟你比，他老是偷吃其他男人，我覺得你比較好。」

「你不是同意孝一去找炮友嗎？」

「我其實討厭他這樣。」

「是嗎？那你為什麼不明白告訴他，你討厭他去找炮友？」

「算了，我不想說。良輔，你和涼太幸福嗎？」

「其實我現在不知道該怎麼做。涼太是個好人，在一起也很開心，但和他在一起沒有未來。涼太和孝一的家總是有許多同性戀的朋友來玩，我很喜歡大家，也相處融洽，但我搞不清楚我到底是喜歡涼太，還是喜歡那樣的環境。我想要找的是未來的伴侶，快樂也很重要，但我覺得我應該要脫離只顧享樂的戀情……我是不是應該和涼太分手啊？」

「應該啊，你分手我比較開心。」

「可是如果和涼太分手，我就不能和孝一、你還有常去他家玩的朋友見面了，一想到這一點我就覺得寂寞，我不知道能不能忍受……」

「我會和孝一分手，現在的我喜歡你，我會讓你幸福的，所以你也跟涼太分手吧。」

「可是，我如果跟你交往，不就等於背叛涼太，還從孝一身邊搶走你嗎？我不可以這麼做。你如果想跟孝一分手，那是你的事，我要再想一想。」

「我知道了。」

我和弘樹一起前往男友家，進了各自男友的房間，但我的心已不在涼太身上，而是向著弘樹。

第二天，弘樹開車送我回家。儘管前一晚我和涼太度過，但我的腦海裡全都是弘樹的身影，我一直在想弘樹是否和孝一提分手，心裡感覺很緊張。到了早上，我到客廳去，弘樹跟孝一看來並未分手。弘樹遵守昨天的約定送我回家，但當天晚上我們在我家跨過了朋友的界線。我已經沒有任何藉口可說。

弘樹洗完澡回到房間，對我說：「我們各自和涼太、孝一分手，然後好好在一起吧！我會跟父母出櫃，我想把你介紹給我爸媽，我相信他們會接受你的。」

「說得也是，既然我們都走到這一步，我會和涼太分手的。」

「好，我們現在就去他們家，各自提出分手。」

弘樹立刻打電話給孝一，跟他說我們兩個有話對他們兩人說，現在就去他們家。我覺得自己很對不起涼太與孝一，難過到幾乎要吐出來。

一到涼太與孝一家，我馬上找涼太懇談。我告訴他我想和他分手，也坦承了自己與弘樹發生關係的事情，就連我是因為涼太的身高才跟他在一起的想法也毫不隱瞞。

涼太雖然很驚訝我與弘樹在一起，但也說「既然你喜歡弘樹，那也沒辦法」。我原以為我們會吵得很難看，沒想到涼太這麼大氣，我真的很感激他。

我離開涼太的房間，走到孝一的房間前，發現弘樹正在大吵大鬧。他說：「你還不是一天到晚劈腿！」氣得用腳踢牆壁。我跟弘樹說：「你冷靜一點。」他抓著我的手說：「良輔，我們走，早點離開這種地方！」說完便拉著我離開。

我向孝一道歉：「孝一，對不起……」

「良輔，你沒必要向我道歉，我和弘樹分手只是遲早的問題，我不認為是你搶走他的。只要涼太原諒你就好，歡迎你再來玩。」

孝一十分冷靜，現場只有弘樹失去理智。弘樹不擅長說話，不懂得用言語表達情感，我想這是他大吵大鬧的原因。

我和涼太的短暫交往就這樣畫下句點，開始與涼太的室友孝一的前男友弘樹交往。我們兩人的開始是不健康的，這樣的關係真的能獲得幸福嗎？

同性情侶找房子

弘樹與我交往的緣由並不正當，我背叛了涼太，從孝一身邊搶走弘樹，而他也做了相同的事情。

我在寫這段過程以及後來閱讀這段文字的時候，覺得當時的自己根本就是個渣男。無論我有再好的文采，都不可能利用文字合理化自己的行為，讓我在讀者的眼裡看起來沒那麼渣。當時的我只能用差勁來形容，我已深刻反省。無論如何，當時我和弘樹已正式交往。

弘樹是個個性溫和、不懂變通的人。他對涼太與孝一感到內疚，交往之後經常對我說：「我們對別人做的事情最終會報應在自己身上，有一天一定會有人從我身邊把你搶走……」叨叨念念了好一段時間。

他鑽牛角尖的程度讓我憤慨，我忍不住罵他：「與其擔心別人把我搶走，不如盡全力好好對我，這是你現在能做的事情！」

弘樹與我交往之後，很快便向他的父母出櫃。並不是我勸他這麼做的，其實他想讓父母了解他的真實性取向已經很久了。他對我說：「我終於遇到可以介紹給父母的人了。」聽他這麼說，我很開心。弘樹的父母聽到他們的兒子坦承自己是同性戀時，確實驚訝了一會兒，但他們很快就接受這個事實，弘樹仍然是他們最愛的兒子。

不過，當弘樹說要介紹自己的男友給他們認識時，只有媽媽同意見面，他的爸爸並不想見兒子的男朋友。

我與弘樹立刻前往關西，在他家附近的飯店咖啡廳和他媽媽見面。因為他爸爸在家，所以這一次沒有到家裡拜訪。

這是我第一次見男朋友的媽媽，見面的時候我相當緊張，一直覺得口渴，我完全記不得當天聊了些什麼。弘樹的媽媽是個嗓門很大，很愛說話，活力十足的人，穿的衣服也是黃色、淺綠色這種可以提升財運的顏色，感覺很親切，似乎關西的媽媽都像她這個樣子。

不管弘樹媽媽是什麼樣子的人，男朋友願意帶我見父母，就讓我覺得很開心了。過去我交往的男友都是偷偷摸摸地在檯面下來往，即使我願意曝光，交往對象也不願被朋友和家人發現，而且對方也很在意世俗眼光，根本不可能光明正大地在外面約會。弘樹將我介紹給他的媽媽，讓我們成為父母認可的情侶，對我來說，這是實現夢想的第一步。

遺憾的是，我無法將弘樹介紹給我的父母認識。我向媽媽出櫃時，她已經要求我「無論你跟誰交往都不要告訴我」，弘樹也理解我的處境。

我們開始交往幾個月後就同居。這是弘樹提出的，他每天晚上都到我家住，這段期間花了不少停車費，而他自己的租屋處也空了下來，白白浪費了幾個月的房租。考量種種因素，他覺得我們應該住在一起。此外，雖然我沒跟弘樹提過，但我現在住的公寓充滿了我與拓馬的回憶。為了繼續往前走，我覺得到了該搬家的時候，於是很快就決定找一間新的房子同居。

我們到房仲公司尋找有客廳廚房的出租套房，唯一的問題是，我們是同志情侶。我們想住在葛西站一帶，但那裡幾乎沒有可以分租的房間，兩個人花了好大的工夫找房子。我們向房仲坦白我們的關係，請他們幫忙尋找適合的房子，可惜一直找不到。

於是房仲向我們提出一個建議。「這是我私下的建議，請兩位不要說出去。你們不要跟房東說你們要一起住，以你們其中一個人的名義租房子，另一位以寄住的方式住進來。你們覺得如何？」

最後我們接受了他的建議，以弘樹的名義租了一個人居住的房子，我則以寄住的方式住進去。雖然我很討厭「寄住」這個用語，但也沒辦法，只能這麼做。妥協之後，好不容易才找到有客廳廚房的小套房，這裡成為我和弘樹的家，展開了同居生活。

我跟弘樹的性生活並不頻繁，我想他可能不是性慾很強的人，其實這樣對我反而好，因為我的觀念一直是「對方想做時我會盡可能配合」。殊不知，此時的弘樹並未完全展現出他的真實模樣。我們同居一段時間之後，我才發現他對於性有自己的獨特癖好。

同居幾個月後的某一天，我在床下抽屜發現一大堆比賽專用泳褲（競賽型泳褲），而且全都是三角泳褲，我們交往到現在，弘樹從來沒去過游泳池。

看到這些泳褲，我才驚覺原來弘樹是個泳褲癖，他希望我穿上這些三角泳褲。可能是覺得太難為情，所以一直沒說出口。其實這種事他大可以跟我說，沒必要覺得害羞啊。

我立刻脫光衣服，穿上紅色三角泳褲，躺在床上等弘樹回家。過了一段時間之後，玄關傳來開門的聲音，弘樹回來了。

我在床上擺出自以為性感的姿勢，等著弘樹打開臥室的門。他的腳步聲愈來愈近、愈來愈近……

臥室門「喀嚓」一聲打開，我聽見悽慘的尖叫聲，那是弘樹的聲音。

他大喊：「你在做什麼？泳褲會變大，快脫掉！」

我不明白他為什麼有這個反應，他不是泳褲癖，希望我穿給他看嗎？我以為他會很開心。此外，他剛剛說泳褲會變大是什麼意思？我對自己的行為感到羞恥，難堪地脫掉泳褲，穿上衣服。

弘樹說，那些競賽型泳褲是自慰時讓自己興奮而穿，並不是要給我穿的。我只是剛好發現它們而已。弘樹趴在床上，表演給我看他是如何自慰的，那做法還真是特別啊！

從那天之後，弘樹似乎以為我已經理解他的性癖好，忽然變得「性致勃勃」。但他的癖好實在太特別，我完全跟不上，所以同居幾個月後，我們變成完全沒有性生活的無性情侶。或許這個改變讓他感到孤獨，那時的我絲毫沒有察覺到，他因此踏入了危險的道路。

沒有性生活之後，我們之間發生口角的頻率愈來愈高。弘樹平時很溫和，卻會為了芝麻小事突然暴怒，有段時間我很怕他。不過，與弘樹的共同生活並非全都是壞事。他喜歡開車兜風，只要我們同時休假，他就會帶我出去玩。最讓我印象深刻的，就是每年初夏他一定會帶我去森林看螢火蟲。

趁著天色明亮的時候，他先帶我到河邊捉蟲捕魚，觀察鳥類，靜靜等待夜晚的到來。等到夕陽西下，四周陷入黑暗，我們就會和導覽員一起去景點欣賞螢火蟲。由於手電筒的燈光會嚇到螢火蟲，因此我們都是帶著點蠟燭的燈籠進去森林。在漆黑的森林中，一行人提著燈籠排成一列，光這一點就很有趣。

抵達螢火蟲聚集的場所，我們吹熄燈籠的蠟燭，環顧四周，一隻螢火蟲一閃一閃地在空中飛舞。

弘樹開心地說：「哇！你看到了嗎？」接著又看到螢火蟲一隻接著一隻閃閃發亮。定神一看，我們四周全都是閃爍的螢火蟲。

潺潺流動的溪水聲，搭配著其他不發光的昆蟲鳴叫，樹木隨著微風窸窣地搖動著。傾耳聆聽，有時還會聽見青蛙「呱呱」的叫聲，令人不禁莞爾。抬頭望向天空，潔白的月亮在無數星星陪伴下，默默守護、照亮著我們。

每次接觸大自然，總會提醒我，我們習以為常的生活環境其實並不正常。霓虹燈在夜晚閃爍著，走路三分鐘的距離就有好幾家便利超商。這些由人類建構的生活環境，比螢火蟲的亮光更為夢幻脆弱，縹緲虛無。一味追求便利性的人類，早已在不知不覺中掐住自己的脖子。相信有一天，人們會察覺自己的所作所為，視簡單生活為美德的時代終將到來。我在壯闊的大自然圍繞下，思索著這些問題。

導覽員在進入森林前，提醒我們要注意的事情。

源氏螢與平家螢共同生活在溪邊，發光方式有著微妙差異。螢火蟲發光是為了求偶，源氏螢與平家螢可以分辨各自不同的發光方式，避免認錯對象，進而找到自己的同類。

我不相信導覽員說的話，分辨發光方式避免搞錯對象的論點，完全是人類自己的想像。

我天生是男性，喜歡男人，社會將這樣的情形視為「錯誤」、「異常」，同時將「男人喜歡女人、女人喜歡男人」視為「正常」。現實生活中，像我這樣只喜歡同性的人也很多。

同樣的，源氏螢只喜歡源氏螢、平家螢只喜歡平家螢的想法值得商榷。誰能斷定源氏螢不會喜歡平家螢？

我問導覽員：「你剛剛說源氏螢和平家螢不會認錯自己的同類，這是真的嗎？牠們絕對不會弄錯嗎？要是源氏螢喜歡上平家螢，這不是一件很美好的事嗎？」

導覽員回答：「嗯，我想牠們不會搞錯。」

看來在螢火蟲的世界裡，絕不會發生愛錯對象的事情。

我小時候得過小兒氣喘，長大後症狀穩定許多。只不過每到秋季，稍有不慎就會復發。這一年秋天，我氣喘得很嚴重。

晚上入睡前是我最難熬的時候，只要一躺下就狂咳不止，嗚咽啜泣。不咳嗽的時候我已經喘不過氣，要是咳嗽的話，更是難以呼吸。一旦咳嗽不止，我就會嘔吐，根本無暇呼吸，只能任由眼淚流下。當我在床上與痛苦奮戰時，睡在我身邊的弘樹就會說：「吵死了，我明天一大早還要上班！每次你一咳嗽我就不能睡覺！」

我在一旁咳嗽確實會打擾弘樹睡眠，於是我離開被窩，搬到客廳睡。不過客廳沒有暖氣，我穿著睡衣無法禦寒，秋天的晚上實在太冷了。我走到廚房打開瓦斯爐點火，伸手取暖，但還是無法抑制咳嗽的症狀。

此時弘樹打開臥室門，要我到外面咳。

「你吵得我沒辦法睡，你去外面咳！」話剛說完，弘樹又走回臥室。

被他這麼一說，我也沒辦法待在家裡。等到我可以呼吸的時候，就到外面去，讓咳嗽平息下來。接著不咳後便回到房間，可是我一躺下又開始咳嗽，只好再到外面去。我蹲在外面忍受低溫，一直待到早上。

我的腦海裡不斷想起螢火蟲。

螢火蟲不會愛錯對象……可是我每次都愛錯人。

從初戀對象阿司開始，一直到現在，我交往過好幾位男友。螢火蟲不會任性妄為，我卻想做什麼就做什麼……

我想建立幸福家庭，我是同性戀，但建立幸福家庭可說是癡心妄想……
繼續和弘樹交往，我真的能得到幸福嗎……
選擇弘樹或許就是錯的……
一路走來我喜歡過多少男人了……
他們都是錯的人嗎……
我想成為螢火蟲，永遠不會愛錯人……
我喜歡弘樹，可是光靠喜歡是不會長久的……
我遲早會和弘樹分手，或許就在不久的將來……
為了弘樹好，到時候我一定要堅決地分手……

在那個淒苦的夜晚，我下定了決心。

變態泳褲青年

那段時期弘樹開始網購「除塵空氣罐」，每個月差不多都買四罐以上。雖然剛開始我覺得很奇怪，但轉念一想，弘樹喜歡開車，他可能買來清潔車子內部，所以我也沒作多想。

可是不僅如此，弘樹最近的樣子不太對勁。這並非第六感，而是我親眼目睹過幾次他的怪異行為。我認為那是因為弘樹不再隱藏自己的性癖好，才會愈來愈大膽。

有時候我會不小心在他自慰時走進臥室。他看到我進來，既不隱藏自己的行為，也不覺得羞恥，反而懇求我「打他的屁股」。他懇求的模樣好像被惡靈附身，給人一種毛骨悚然的感覺。不得已我只好用力打他的屁股，接著走出臥室。每次遇到這種情形，我就會跑到附近的水菸酒吧避難。

我和水菸酒吧的幾名常客成為無話不談的好友。這天晚上，我也將剛剛發生的「打屁股事件」告訴他們，還說了最近弘樹大量訂購除塵空氣罐的事情。

其中一人說：「嗯，他會不會是吸除塵空氣罐裡的氣體啊？」

「吸除塵空氣罐裡的氣體？」我完全聽不懂他的意思。除塵空氣罐不是用來吸的吧？再說，到底要怎麼吸我也搞不清楚。

我認為必須要有證據才能斷定，於是決定瞞著大家，自己偷偷嘗試。

第二天，我趁著自己一個人獨處的時候，參考除塵空氣罐的使用說明，吸裡面的氣體。一瞬間，我眼前一暗，身體完全沒有感覺，意識也逐漸模糊。接著不知道為什麼，我感受到輕飄飄的感覺蔓延全身……

過了一會兒，怪異的感覺慢慢退去，我終於恢復正常，這才發現我已經全身脫光，完成了自慰的行為，身上還殘留著抽痛的感覺。這項私人實驗讓我確認了一件事，過去這幾個月弘樹就是吸了這種氣體才會行為異常，發生「打屁股事件」時也是如此。

我原本想等弘樹回家時追問他這件事，但我覺得還要多收集些證據才行，於是決定趁他睡覺時查看他的手機。我相信吸除塵空氣罐的氣體絕對不是弘樹自己想出來的點子，一定是「有人」告訴他的。弘樹沉睡後，我悄悄將他的智慧型手機從充電器拔出來，打開弘樹的推特。我們彼此都跟隨了對方的推特，但我打開推特時，出現了一個我從未見過的帳號——「變態泳褲青年」。

這是他另一個帳號的名稱。變態泳褲青年的推特裡沒有露臉照，但裡面的照片都是我跟他一起做的事情，還寫上他的感想。

裡面有一張昨天上傳的照片，上面寫著「我被打屁股，受到處罰」。

我再點進去看回覆，發現他和某個奇怪派對主辦人的對話，他好像也加入了這個派對。從對話內容來看，這個派對組織牽涉到可疑的藥物和交易。

第二天，我翻找弘樹收藏一大堆競賽型泳褲的抽屜，發現一個褐色信封，裡面放著不明物體。這個東西讓我很擔憂，可是我不能跟弘樹說，於是便把它全部倒進馬桶沖掉。

弘樹遲早會發現那個東西不見了，也會知道那是我丟的。我一直以為他會對我發脾氣，但過了一段時間，他完全沒找我對質，我也當這件事從未發生過。

那件事發生不到一個月，有人寄貨到付款的包裹給弘樹。

寄件者是一家我從未聽過的公司，商品欄上寫著「居家用品」。弘樹不可能花錢買居家用品，莫非這是他買給我的禮物？我忍不住猜想裡面究竟是什麼。

包裹裡是一個裡面塞滿氣泡紙的小信封，這麼小的信封不可能裝居家用品，但這麼小的東西也不可能那麼貴（除非裡面裝的是鑽石）。

我有一種不祥的預感。

儘管他是我男友，但我長這麼大從來沒拆過別人的信件包裹。我鼓起勇氣打開，發現裡面是跟我之前沖進馬桶一樣的東西。我已經不知道該怎麼辦了。

此後，弘樹的狀況一天比一天糟。

黑暗

剛開始的症狀是失眠。弘樹每天晚上都睡不著覺，他求助身心科，醫生開了睡眠導入劑給他。他沒告訴我醫生的診斷結果，但他吃安眠藥就能入眠，可以維持一段安穩的生活。可惜這個安穩的生活並不長久。

沒過多久，弘樹對我說「安眠藥愈來愈沒效了」，他說的是真的。有天晚上，弘樹一如往常地吃了安眠藥入睡，沒多久他就驚醒，我也被他吵醒了。

他躡手躡腳地走到臥室窗戶旁，從窗簾縫隙探向窗外，我不知道發生了什麼事。

我小聲地問他：「怎麼了？」

弘樹也小聲地回答：「有人在監視我們……」

「沒想到竟然有人偷窺我們的臥室，還真恐怖。」——這是我最初的想法，但弘樹每三十分鐘就驚醒，重複相同的行為，這讓我覺得「有人監視」可能只是他的妄想。

當天晚上我一夜沒睡，後來這種情形又連續發生了好幾天。弘樹與我無論是體力或精神都已經到了極限。一波未平一波又起，接著又出現了新的問題。

有天晚上我工作到很晚才回家，由於我已經好幾天沒睡，體力早已透支。話說回來，人體真的很神奇，即使超越極限還是能打開緊急電源，讓我們完成工作。不像汽車只要沒有汽油就無法行駛，這就是所謂的生命力吧。

言歸正傳，那天晚上我決定一回家就睡覺。回到家裡，一開家門就看到弘樹站在我眼前，似乎已在門口站了一段時間。

「嚇我一跳，你在做什麼？」我說。

弘樹回答：「我一直從貓眼監視外面。」

「你在監視什麼？你說一直在這裡監視，到底多久了？」

「就是一直在這裡。」

「為什麼這麼做？」

弘樹一臉驚恐地看著我，小聲地繼續說：「一直有人……監視我，搬到我們隔壁的人是北韓間諜，他想綁架我……」弘樹的臉色十分蒼白。

「弘樹，你是不是吃了奇怪的藥？我都知道喔，每次我發現那些藥就拿去丟掉，你現在就是吃了那些藥才會產生幻覺。」

「才不是這樣！你把我的藥都丟了，我現在沒有嗑藥，你要相信我！」

「如果沒有嗑藥，那你最好去看醫生。你跟醫生說你服用過奇怪的藥物，讓他幫你看看。」

「好。」

從那之後，弘樹經常請假不上班。我那時已辭去公司的工作。在我看來，人生這麼長，想休多久都可以，在這個節骨眼辭職也行。但弘樹個性一板一眼，他總覺得請假就是翹班；休息是為了療養身體，他卻充滿罪惡感。

弘樹說他想死，這句話讓我心情沉重，感到痛苦。

他為什麼說出這樣的話來……都是因為我……弘樹如果沒和我交往，沒跟我同居，一定還是健康如常。如果我能對弘樹好一點的話……

我感覺弘樹想死的念頭一天比一天強，再這樣下去真的很危險。我還有工作，不可能一整天陪著他，可每次離開他身邊，我都覺得害怕。

我心裡對弘樹感到愧疚，到了這一步，我只能向他的父母求救了。我想將我知道的一切告訴他父母，和他們一起幫助弘樹。於是我跟弘樹說我要出門買東西，前往附近的公園，打電話給他的媽媽。

「弘樹他最近的精神狀況很不好，每天失眠，在吃安眠藥。我不知道他跟醫生說到什麼程度，但他出現幻覺，總覺得有人監視他、跟蹤他，還說要綁架他。他以前吃過奇怪的藥物，可能是藥物的後遺症。無論是上班或請假都很痛苦，還對我說他想死。可不可以幫幫忙，請您來看看他，讓他回家好好療養呢？」

弘樹的媽媽在電話那一頭哭泣。自己生的兒子竟然想尋死，任誰都會難過萬分，我可以理解他媽媽的痛苦。雖然我也很不願意告訴她實情，但我覺得坦誠以對是最好的方法。弘樹的媽媽平時說話嗓門很大，沒想到哭聲也很大，我一邊驚訝於她宏亮的哭聲，一邊等她冷靜下來。

「我要和我先生商量，這種事我們夫妻必須先談過才行。等我先生回家，我會盡快跟你聯絡。對不起，弘樹麻煩你多多照顧了。」

掛上電話後，我很擔心弘樹的媽媽會不會如實地跟她先生說清楚。如果是我媽媽，她一定會丟下一切跑來找我。兒子都不想活了，身為媽媽的一定會想保護兒子。冷靜想想，現在受苦的是弘樹，不是弘樹媽媽哀戚痛哭的時候，父母傷心哭泣對事情一點幫助也沒有。但話說回來，弘樹媽媽說要等先生回家商量，真不知道她為什麼這麼從容。再說，他們到底要商量什麼呢？我心裡多少有些憤慨，但認為「媽媽就是會保護兒子」的我，想法是否也有些奇怪呢？一想到這些就感到坐立難安。

第二天，弘樹說什麼都要去上班，我目送他出門。

後來我接到弘樹媽媽打來的電話，她有些遲疑地對我說：「我老公說東京人都在嗑藥……」

「才不是這樣，伯父應該是深受打擊，失去理智了吧？」

「那個……不是說同性戀的人都要嗑藥才能做那檔事嗎？就是……為了讓自己興奮才吃……」

弘樹的媽媽真是沒有主見，令人心煩。

我好聲好氣地說：「伯母，不是同性戀都嗑藥。我是同性戀，從來沒碰過那些藥物，我現在也住在東京。在您心裡，同性戀到底是什麼樣子呢？再說，東京是日本的中心，要是每個東京人都嗑藥，那日本還有未來嗎？我明白您和伯父都很震驚，但伯父的想法也太偏頗了。」

「那……弘樹又是在哪兒接觸到藥物的？」

「弘樹本身有獨特癖好，他喜歡穿競賽型泳褲，和有相同癖好的人交往，認識愈來愈多同道中人，他就是在這個過程中誤入歧途，開始使用藥物。」我決定豁出去了。

「你的意思是我兒子喜歡穿很緊的褲子，對吧？同性戀不是都喜歡穿緊身褲嗎？」

「伯母，請您不要再把同性戀當藉口了！同性戀之間的性行為跟男女之間的性行為並沒有任何不同。異性戀者有很多不同的性癖好，同樣的，許多同性戀者也有自己的性癖好。我相信弘樹的父親也有自己喜歡的癖好，不是嗎？有其父必有其子。」

「我老公喜歡穿四角褲。」

「穿什麼不是重點！」我累了，弘樹的媽媽也累了。

我繼續說：「跟伯母說這些我也很難受，但弘樹每天都想尋死啊！他說他想死，但我沒辦法一整天盯著他。一想到他可能出事，我也不安心，晚上根本睡不好。最痛苦的其實是弘樹！為了他，可不可以請妳幫幫我？」

「自從聽說了兒子的事情，我也睡不好啊！怎麼可能睡得著？我真的很擔心他啊！再說，我先生是公務員，我女兒努力用功，好不容易才考上京都大學。弘樹現在變成這樣，要是讓他回來……我們住在鄉下地方，流言蜚語很快就會傳開來，這會影響我先生的工作，也會影響努力念書的妹妹。我希望還是由你來照顧弘樹，好嗎？」

我不敢相信我的耳朵，同時我也明白了，現在這個狀況說再多也沒用。我的憂慮難道是錯的嗎？向受難的人伸手救援，還要顧慮公務員的頭銜、名門大學的招牌與鄉土民情嗎？更何況，受難的人是自己的兒子。弘樹現在只有我了。

掛上電話後，我在腦中整理弘樹媽媽所說的話，愈想愈生氣，卻無處發洩。

當天晚上，弘樹的手機響了。我聽見弘樹媽媽的聲音，忍不住傾耳聆聽。看來他媽媽最後還是願意救自己的兒子，我希望這通電話可以改變什麼。弘樹如常地說了一會兒話，不料突然爆哭，對著電話另一頭的媽媽大罵：「妳是騙子！我會變成這樣，都是妳害的！……我才不管，我要去死！要是我死了全都是妳害的，我要妳後悔一輩子！」

我想弘樹的媽媽應該在勸他停止嗑藥，他的媽媽在電話另一頭大叫，連我都聽見了。

「你如果死了，我也要去死！你連我也殺了吧！」

我不明白他媽媽為何這麼想，竟然跟精神狀態不穩定、一心尋死的兒子說「連我也殺了吧」，我完全無法理解她的想法。

弘樹對他媽媽大吼：「要死就去死！」我覺得弘樹說得很對。

媽媽和兒子的通話到此結束。雖然不是我想像的那種圓滿落幕的結局，但他媽媽知道弘樹在嗑藥，能讓他反省自己嗑藥的行為，這一點算是達成效果。

最好的證據就是，弘樹並未質問我是不是向他爸媽打小報告。隨著時間過去，他的表情也愈來愈平靜。

我倆照常生活，一起看電視，電視上播放迪士尼樂園的廣告。

弘樹大大地嘆了一口氣說：「你知道為什麼我不想去迪士尼樂園嗎？」

「我不知道，為什麼？」

「迪士尼樂園有很多攜家帶眷的遊客去玩，那些是真正的家人。我沒辦法擁有家人，看到他們只會感到悲傷。」

「為什麼你覺得自己無法擁有家人？」

「像我這樣的人只是個瑕疵品，是個沒有家人的垃圾、人渣！」

「不是這樣的！」

「實話告訴你，尤其是像你這樣的人，你根本不知道自己是瑕疵品，你才是最糟最糟的瑕疵品！在社會的眼光裡，你只是個嘮叨難搞、渾身都是缺陷的東西。」

「我接受自己是同性戀的時候，也認為自己是瑕疵品，但身為同性戀不能擁有家人，有這種想法的社會才是罪魁禍首，不是嗎？我不是瑕疵品，是這個社會不夠成熟！」

「良輔，你根本不了解現在的日本社會！我們身邊的同性戀朋友聚在一起時確實很開心，但他們幾乎都沒向社會出櫃，你知道為什麼嗎？因為現在的日本社會視同性戀為禁忌，這是目前的主流想法！你不在社會裡所以不知道，無論是日本社會或任何一個國家的社會，根本不重視像我們這樣的人。即使大聲主張LGBT同志族群的權利，他們也只認為『我們是一群只會吠的狗』。連這一點都不知道還吵著要結婚的同性戀，只是歪七扭八的瑕疵品！」

「怎麼能將錯歸咎給被社會視為禁忌的人？縱容將少數人視為禁忌的社會才是罪大惡極！」

「你說的這些都是場面話，你現在推動的Juerias活動絕對無法長久，不要把你的精力和金錢投入在這樣的事情裡。最好再找一份正職工作，遵循社會規則，這才是對你最好的做法。你現在都多大年紀了，也該成熟一點！」

「你對Juerias一無所知，不要亂說。我認為所有人都是平等的，都有結婚成家的權利，這有什麼不對？」

「抱歉，你這麼做是不自量力。無論當事者叫得有多大聲，看在企業和一般人眼裡，都是吃飽了沒事幹的傢伙在搶版面罷了。這個世界有許多問題，每個問題都存在了許多年，沒有那麼簡單就能改變。」

「你說得沒錯，或許我做不到改變社會這麼偉大的事情，但無論存在於哪個社會，同性戀都能掌握幸福。我跟你不同，我不會將自己的不幸歸咎給時代、性別、國家或自己的媽媽！我會成為最幸福的同性戀，向大多數人證明『無論哪個時代、哪個性別，所有人都能獲得幸福』！雖然能讓我幸福的不是你，我覺得很遺憾，但我一定會幸福的！」

「隨便你！我不管了，就算強迫自己，我也要和女人結婚。」

「祝你有個幸福快樂的婚姻生活！」

「我想你不會懂的，但和女人結婚對我來說是天經地義的事情！」

「我才不想懂！你每天想這種事，難怪成天想死！」

「我從以前就一直在考慮，我無法再待在東京了。我想辭掉工作，回老家去住。其實我正在找老家那邊的工作。」

「原來如此……你打算和我分手對吧？」

「我無法離開你。」

「我為什麼要跟一個遲早會和女人結婚的人交往？別開玩笑了，我們分手！」

第二天早上，我被弘樹說話的聲音吵醒。我才剛睡沒幾個小時。弘樹似乎在客廳和誰通電話，我在被窩裡仔細聆聽，發現他好像在跟奶奶說話……

奶奶？

這一刻我真的醒了，我記得弘樹的奶奶跟外婆都過世了，那他在跟誰說話？我輕輕打開客廳門，發現弘樹沒在打電話，而是對著空蕩蕩的地方說話。

我問：「弘樹，你在和誰說話？」

弘樹說：「我奶奶來了。」

「你是說奶奶顯靈了嗎？」

「顯靈？奶奶，妳是靈魂嗎？」

「要倒茶給奶奶喝嗎？」

「奶奶說不用。她還笑著說你很奇怪。」

「是嗎？那你跟奶奶說，這裡也是我家，到我家至少也要向我打聲招呼，這是基本禮貌吧？說話那麼大聲還把我吵醒，妳這個死老太婆！」

「別說了……你的態度惹得奶奶不高興了……我奶奶個性很強勢，惹她生氣很難收拾的。良輔，算我求你，向我奶奶道歉吧！」

「我才不要。說真的，比起弘樹家的老太婆，我家過世的奶奶更能幹。要不要我從天國召喚我奶奶的靈魂，和你家的老太婆大戰一場？」

由於弘樹和他奶奶說話的模樣過於真實，我看不出來是弘樹的幻覺，還是奶奶真的顯靈了。若要我說，我比較相信是奶奶真的顯靈了。

「我要再去睡一會兒，你們說話小聲一點。幫我跟你家老太婆說『你們慢慢聊』。」

說完我就鑽回被窩裡，但我根本睡不著，聽了一段弘樹和他奶奶的對話（當然，我只聽到弘樹的聲音）。

弘樹又如常地說了一會兒話，卻突然間發生異狀，我很快就察覺到這一點。

之前弘樹一直在跟奶奶的靈魂（？）說話，但不知為何，他自己瞬間變身成奶奶。

我驚覺不妙，我剛剛還罵弘樹的奶奶「死老太婆」，她現在說不定附身在弘樹身上來向我報仇。我一直待在臥室裡，注意著弘樹化身為奶奶的模樣。

奶奶附身在弘樹身上後，第一件事就是打開（弘樹的）手機，撥電話給弘樹的父親（真是超有氣魄的老太婆）。

表面上看雖然是弘樹打電話給爸爸，但弘樹現在變身成奶奶，她不是在跟自己的爸爸說話，而是在跟自己的兒子說話。

弘樹的爸爸接了電話。

「和樹（弘樹爸爸的名字），你真是吃了不少苦啊……你還好嗎？」

……我過去不知道求了弘樹的父母多少回。

爸爸跟變身為死去母親的兒子說話，不知道他現在有什麼感覺？我相信他在電話另一頭一定很震驚。

這通電話多少能讓弘樹的父母了解他的狀況，一想到這點我就突然很想睡。多虧這通電話，讓原本大言不慚地說東京人都嗑藥、腦袋進水的公務員爸爸，要弘樹的媽媽去接他回家。

掛上電話不到幾個小時，弘樹的媽媽就搭新幹線抵達東京。

之前弘樹在電話上對他媽媽大發雷霆，說什麼「我會變成這樣，都是妳的教育方法有問題」、「妳是騙子，都是妳害的」之類的狠話，但一看到趕來東京的媽媽，弘樹突然感到安心，放下心中大石，和幾個小時前的他截然不同。連為他擔心不已的妹妹也跟著來接他。

弘樹的媽媽一進到我們家，還是一如往常地大聲說：「這公寓的感覺真令人不舒服，住在這種地方，難怪內心會生病。」我決定假裝沒聽見。這公寓雖然不大，但平時是由我打掃的。

弘樹的媽媽要他回家，他委婉地拒絕了。

弘樹向他媽媽說明了自己想先辭掉工作，現在已經在老家附近找工作的打算，請他媽媽幾個月後再來帶他回家。弘樹真的是一板一眼的人啊！

再幾個月就要結束了，我發誓我會負起責任，好好守護弘樹。

弘樹要回老家，這代表我也必須搬家。因為租賃契約是以弘樹一個人居住的名目簽訂的，我只是寄居者，不可能繼續住在這裡。

在那之後，我和弘樹在同一個屋子裡住了幾個月，但關係無法再回到從前。我們保持著距離，安安靜靜地過日子。

到了搬家的那一天，我將全部的家具搬進自己的新家。搬完家具後，再次回到弘樹的家。弘樹將在第二天把這個家的鑰匙還給房東，回到關西。

空無一物的房間裡只放著隔天就要丟掉的棉被，弘樹孤零零地坐在棉被上，我在他身旁坐了下來。

「弘樹，我搬完家了，謝謝你。過去這段日子謝謝你的陪伴。明天就麻煩你還鑰匙了，還要把棉被丟掉。」我說。

「我不會和你分手的……」

「不，我們已經分手了。雖然我也很悲傷，但我之間已經結束了。」

「良輔，你真是人渣，是垃圾！」

「對，過去這段日子謝謝你。」

我將弘樹留在房間，關上了門。我沒有回頭，徑直往前走，腦中只想著繼續往前走。

第7章

願這是最後的戀情

同樣發音的「Ryousuke」

和弘樹分手後，我傳訊給某個人。

「我和同居男友分手，搬出來一個人住了。如果你有空，這個週末要不要來我家玩？」

我是在一年前的過年時期認識他的。

弘樹當時回關西老家過年，我一個人待在東京，過年期間感到很寂寞。我跟弘樹的生活讓我疲憊不堪，上網瀏覽同性戀專屬的留言板抒發心情，就這樣認識他，也跟他見了面。

我一直忘不了與他第一次見面所說的話。

「良輔是你的本名嗎？」

「是啊，有什麼問題嗎？」

「很少人會在留言板使用真名，我的名字讀音跟你一樣，也是『Ryousuke』，不過漢字是『亮介』。」

我們看了彼此的駕照，加上適逢過年期間，於是買了啤酒對飲乾杯。

雖然和他是第一次見面，但感覺很熟悉，很自然地聊起了和弘樹在一起的生活。

亮介不多話，很溫柔地聽我訴說一切。或許是因為我的內心很脆弱，當天道別時，我感到相當難過。由於這個緣故，我和弘樹分手時想到了亮介，鼓起勇氣與他聯絡。

「我和同居男友分手，搬出來一個人住了。如果你有空，這個週末要不要來我家玩？」

亮介很快就回訊。「這個週末我要和男友去旅行。」

過年和他見面時，他還單身，結果現在已經交到男朋友了。

我忍不住猜想，不知道他和他的男友性生活協不協調……內心湧現了些許嫉妒的情緒。當我察覺到這一點時，我感到有些驚訝。

過去是我有男友，我有什麼資格在意亮介和別人交往？我告訴自己，亮介與我無緣。

沒想到幾個月後，我收到亮介的訊息。

「我和男友分手了，方便去你家玩嗎？」

「你和男友為什麼分手？」我問亮介分手的原因。

「我不能接受他的習慣，像是吃相這類問題。一旦開始挑剔，就會愈來愈討厭對方，覺得自己無法再繼續下去，所以和他分手了。」

我聽了非常驚訝。事實上，當我知道亮介有男朋友之後，就立刻決定放棄他，和某個壽司店老闆交往了。他有些習慣我也很不喜歡，例如隨身帶著酒，走到哪兒喝到哪兒。不顧場合地拍打身體，玩起身體節奏遊戲，讓我很困擾。但我覺得要是一直叨念這類事情，他一定會覺得很煩，所以我盡可能包容他，不多說什麼。這種做法反而讓我累積了極大壓力。

我決定跟亮介說實話。

「其實我跟你一樣。不瞞你說，我知道你交男友的時候，也負氣交了男友。他有些習慣我也不能接受，讓我很煩躁。但我想我應該要忍耐，畢竟我想結婚，大家都說結婚就是要忍耐，你覺得我說得對不對？」

「良輔，你是為了結婚才和他交往的嗎？還是因為他的存在才讓你想結婚？

你應該跟自己喜歡的人交往，當你想和他一輩子在一起，再去想結婚的事情，這樣不是比較好嗎？」

「結婚有這麼簡單嗎？我也能遇到這樣的人嗎？」

「你一定會遇到的。」

「真的嗎……」

「不要怕，一定沒問題的！」

「謝謝你，如果我有心事，可以找你商量嗎？」

「當然，有什麼事儘管找我。」

後來，我很自然地與壽司店老闆分手，開始跟亮介交往。

亮介帶著健康的小麥膚色，身材結實有肌肉。我可以將自己的身心都交給他。不僅如此，雖然他看起來文質彬彬，但和他做愛時不止激烈，還充滿愛與熱情。每次做愛時床鋪都會劇烈搖晃，臥室的滑門也跟著搖晃，發出喀噠喀噠的聲音。我跟他的親密關係讓我體會到前所未有的滿足，過去的經驗彷彿只是小孩子玩的遊戲，純粹是為了迎接這一天的到來所做的準備，直到這一刻我才感受到真正的性愛。

我將自己的感動說給亮介聽，他有點害羞地說：「那是因為對象是你，我才表現得這麼好。」

不僅如此，亮介的個性認真負責，與我截然不同，正好發揮了互補的作用。

過去我一直過著不修邊幅的獨居生活，家裡有一條網路線從牆壁的插座連接出來時並未固定在牆上，上廁所時一定要刻意抬腳跨過那條線，不然就會被絆倒。亮介受不了這樣的情形，買了長度較長的網路線，並沿著牆壁固定，完美地隱藏了起來。發現門片開關時會發出聲音，他也會特地去買緩衝材料封住縫隙，消除開關門的噪音。亮介擁有許多我沒有的特質，深深吸引著我。

還有一件事……

和亮介交往後不久，發生了一件令我後悔一輩子的事情。

葛西警察局

這件事發生在我和亮介交往幾個月後。我邀請了幾位我的同性戀朋友以及對方的朋友到家裡舉辦火鍋派對，當時我掉了錢包。

我一直以為錢包放在家裡，沒道理不見，但又覺得自己神經很大條，說不定真的掉在什麼地方了。沒想到幾天後，我意外發現自己錢包的下落。

我接到一通陌生人（H先生）打來的電話。H先生的掌上型遊戲機被偷了，他抓到那名小偷，要他歸還遊戲機，還要對方出示自己的身分證。對方給他看的是我，也就是「七崎良輔」的健保卡。

H先生拍下我的健保卡上的照片，原想在社群網站上提醒大家我是「危險人物」，沒想到上網搜尋七崎良輔，竟出現我的照片。於是H先生直接透過社群網站與我聯絡。

他問我：「請問你的錢包最近是不是被偷了？」

「對，我的錢包不見了，你為什麼問這個？」

「有一個自稱K的人偷了我的遊戲機，我要他證明身分給我看，結果他拿出七崎良輔的健保卡。我本來想把七崎良輔的健保卡大頭照刊登在社群網站上，卻發現他根本不是七崎良輔，還好我還沒把照片放上網。你遺失的深藍色錢包，就在K的身上。」

我和H先生交談了一會兒，請他傳嫌犯的照片給我看，這才發現偷他遊戲機的小偷，跟來我家開火鍋派對的K是同一個人。

邀請K來參加火鍋派對的人，與K也是剛認識，當時已經無法聯絡到他了。

幾天後，嫌犯K寄了一封信給我，那封信是直接丟入我家信箱的。

信封裡有一封信，寫著「我是有苦衷的，對不起」，還附上一個空的錢包。我向亮介說明此事，一起去葛西警察局報案。

葛西警察局的刑警聽我說完來龍去脈後，問亮介與我的關係。

我回答：「他叫亮介，是我的男朋友。我一個人有點害怕，所以請他陪我來。」

刑警說：「原來如此，你先在這裡等一下。」

說完後便讓亮介在原地等待，把我帶到後面的房間裡。我在裡面被六名警官和刑警團團包圍，感到極大的壓力。

刑警問：「你舉辦的火鍋派對都是些什麼樣的人來參加？」

「來的人都是同性戀。」

「這麼說，嫌犯K也是同性戀嘍？」

「是的。」

「原來如此，嗯，這該怎麼辦才好？」

「請你們逮捕K，他這一次濫用我的身分證件，害我差點要被放在社群網站上公審。要是照片真的放上去，我就慘了。再說，我手邊有嫌犯送回來的錢包和信，應該可以採到他的指紋。」我請求刑警一定要逮捕嫌犯到案。

「嗯……你今天來這裡請我們逮捕嫌犯，如果真的提出遭竊報案單，完成報案程序，我們一定會盡全力追捕犯人。」

「這樣啊，那就拜託你們了，我要提出遭竊報案單。」

「這麼說好了。你是同性戀，嫌犯也是同性戀，對吧？」

「沒錯，所以呢？」我不太明白這位刑警想表達什麼。

「我想說的是，你今天在這裡提出遭竊報案單，我們一定會盡全力追捕犯人，這是我們的工作。可是，你們彼此都是同性戀，當我們抓到犯人，你們卻可能愛上彼此，最後說『我捨不得告他』，就大事化小，小事化無。這麼一來，我們之前的努力就沒有任何意義了。為了避免我們抓到犯人後，你還要煩惱是否告他，不如一開始就不要提出遭竊報案單，而是改寫遺失報案單，你覺得如何？我相信你應該也聽說過這樣的事情吧？那些為了愛不顧一切的故事，加上你們又是同性戀。」

「蛤？」

「你只要提出遺失報案單，就算有人濫用你的身分證件，你也不會有任何法律上的責任。」

我真的不明白這位刑警想說什麼。

「刑警先生，假設K被逮捕了，我也不會因為我們都是同性戀就愛上他。你也看到了我有男友，陪我一起來的就是我的男友啊！」

「這種事很難說，我想你也了解。」

「誰會愛上偷自己錢包的犯人？你的腦袋還好嗎？如果被害者是女性，嫌犯是男性，你也會這麼說嗎？跟受害女性說我們抓到犯人後，妳可能會愛上犯人？你這個說法會不會太蠢了？」我以極盡輕蔑的眼光看著刑警。

「可是，你們都是同性戀啊，你也不敢保證不會發生這種事吧？話說回來，你們舉辦的火鍋派對，真的是單純吃火鍋嗎？」

「等一下，你的意思是我在家裡開多人性愛派對嗎？」

「我可沒說得這麼露骨，對吧？」該名刑警詢問其他同僚的意見。

「氣死我了，真是的。該怎麼說呢……你真的很沒禮貌。」

「這種事在你的族群裡很常見啊！對吧？嗑藥的可能性也不是沒有……」

我和他一來一往說了將近一個小時。我曾經想過要是我出手打刑警，不知道會有什麼後果。但最後我被他們磨得身心俱疲，原本熊熊燃燒的怒火也消弭殆盡。

「刑警先生，你結婚了嗎？」

「我結婚了。」

「我覺得你太太好可憐，你真的是個差勁的男人。你的言論太刻薄了。我只是要拜託你逮捕偷我錢包的犯人，你竟然對我說這種話。你可以這麼說嗎，各位警察先生，你們不覺得太過分了嗎？」我看向其他警察，想尋求他們的同意，他們卻避開我的眼光。

「你別看我這樣，我的家人都以我為榮。」

「你要怎麼想是你的自由，我只是要求你逮捕犯人而已，你卻不想做好自己的工作，還歧視同性戀……算了。」

「說我不想做好自己的工作也太失禮了！我——」

「失禮的是你！算了，請你拿遺失報案單給我吧！」

我在寫遺失報案單時感到十分後悔，由於情緒過於激動，我的手一直在顫抖。寫遺失報案單的過程中，那名刑警還喋喋不休地訓斥我：「都是你不小心，錢包才會被偷。」我也知道自己不小心，但我一心只想早點離開警察局，不再理會他。

好不容易脫離警察的強勢包圍，亮介一直在外面等我。我不敢跟他說我剛剛的遭遇，我自己也很懊悔，甚至覺得傷害了亮介。

在回家路上，亮介問我：「你看起來沒什麼精神，剛剛在裡面發生什麼事了？」

亮介一臉憂慮地看著我，我只好全盤托出。

「刑警說……我和犯人都是同性戀，會互相喜歡，說不定他們抓到犯人後我就後悔不告了，要我不要提出遭竊報案單，而是寫遺失報案單。」

我感到十分懊悔，忍著想哭的情緒，一口氣把話說完。

「你都說我是你男友了，他們還這樣，太過分了。不過，我想依小良的個性，你應該會力爭到底，最後提出遭竊報案單吧？」

「沒有，我屈服了。」淚水從我的眼眶滑了下來，我真不甘心！「他們好幾個警察圍著我，給我好大的壓力。那名刑警一直將手插在口袋裡說個不停，我好討厭警察！」

「小良，你已經盡力了。我們去吃燒肉吧？」

「好耶，燒肉！」

雖然我很快就能重新振作，但我會將自己後悔的事情放在心裡，永遠忘不了。

第二天，我打電話給法務省人權諮詢窗口，將自己在葛西警察局的遭遇全部說出來。從聲音判斷，接電話的好像是一名上了年紀的律師。

「跟你有相同特質的人今後還會遇到更多類似的事情，必須勇敢對抗才行。你們能做的就是團結一致，大聲說出你們的意見。加油喔！」

他的話讓我很感動，我發誓總有一天我會將這件事公諸於世。

一年後，我接到山口縣警察的電話。

「有一名K姓男子犯了罪被逮捕，現在由山口縣警察拘留中。由於他持有七崎先生的身分證件，所以我打電話給您。七崎先生曾經提出錢包的遺失報案單，請問您是在哪裡遺失的？」

我不得不將K偷走我錢包的事情告訴對方。

「其實，我錢包是被K偷走的。」

「那為什麼不提出遭竊報案單，而是遺失報案單呢？K這次被逮捕是初犯，我們可以拘留他的天數相當短。」

「說來話長，我是同性戀，葛西警察局的刑警認為我可能會喜歡上K，所以要我提出遺失報案單，而非遭竊報案單。」

「他為什麼會這麼說呢？」

「你也這麼想吧？你也不懂他在說什麼，對吧？我也是。我根本不想回想起當天的事。我要再去一次葛西警察局，重新提出遭竊報案單！」

「我也會直接打電話過去詢問。」

我等亮介回家，兩人一起去警局，說明了一年前發生的事情。亮介比我還生氣，我很想再對當時的刑警表達我的立場，但他已經離開葛西警察局了。當時的文件都還留著，這次是由一名年輕刑警負責處理。

亮介說：「這次別想再把我趕出去，我不會讓你們像上次那樣對待我們。你知道他當時承受多大壓力、遭受多大打擊嗎？」

年輕刑警一臉歉意地說：「我明白，不瞞你說，我當時也在場，我記得當時所有的情景。」

「原來如此！你當時在場有什麼感覺？當時那名刑警對我說了很多過分的話，我真的很不甘心，一直耿耿於懷。」我希望盡量將自己當時不甘心的心情告訴那名年輕刑警。

「我真的很抱歉。他不該對你說那些話，其實我也覺得他說得太過分了。」

年輕刑警確實很愧疚，但我還是覺得忿忿不平。既然他也覺得過分，為什麼當初不制止？冷眼旁觀別人霸凌，與霸凌者同罪！大人們會教導小孩這樣的觀念，自己卻沒辦法主持正義。再說，當時我還問其他刑警和警察「你們不覺得太過分了嗎」，希望他們為我挺身而出，但他們全都避開我的眼光，一臉不想淌渾水的樣子。

「你們要他提出遺失報案單，而非遭竊報案單，把你們不想做好自己工作的責任推到他的性取向上，最後才由山口縣警察抓到犯人。你們不覺得慚愧嗎？我要你們向他道歉！」亮介為我出頭。

「我很抱歉。」

就算年輕刑警向我道歉，對我造成的痛苦也不會消失，但我只能接受。畢竟霸凌我的不是這位年輕刑警，而是現在已離開葛西警察局的刑警。

我問年輕刑警：「當初對我說那些話的刑警位階很高嗎？」

「是，他是高階警官。」

「我知道了。總有一天我會將當時的遭遇公諸於世。法務省的人權諮詢窗口對我說，我無法針對單一警察投訴，但想要端正警察體制，唯有公諸於世。」

「你說得是。我以後也會提醒自己，不要做出歧視的行為。」

由於我的錢包被偷已經過了很長一段時間，就算現在提出遭竊報案單也沒有證據，所以最後我還是沒有重新報案。

「一年前我們還有留下嫌犯指紋的信封以及錢包，如果當時可以提出遭竊報案單，就不會變成現在這樣，使你們浪費了刑事案件的證據。」最後亮介再次強調了警方的疏失。

「你說得對，我很抱歉。」

錢包遭竊事件就在我心有未甘的狀況下落幕了。直到現在，我只要想起當時的事情依舊懊悔得全身發抖。

之前我還在猶豫該不該出櫃時，曾經想找警察商量，但想到要是真的去商量，說不定我是同性戀的事情就會曝光，最後只好作罷。

我身邊的同志好友，有人被自己的男友偷走一大筆錢，卻因為擔心同性戀的身分曝光而不敢報警。光是說出實情就如此困難，若鼓起勇氣報警卻遭受歧視對待，這對當事者來說無疑是三重打擊（遭竊或發生刑事案件、同性戀身分曝光、受到歧視）。這種事情不該發生。

在這次事件中受傷的是我，至少還算慶幸（雖然我也很痛苦）。若是其他人遭受相同對待，對方又像年輕時的我，覺得身為性少數群體是見不得光的事情，那後果可就不堪設想，很可能賠上一條寶貴的性命。

話說回來，任何地方都會發生這類事情。我衷心盼望不只是警察局、公所、學校等公家機關，包括醫院、不動產業界、寺廟與教會等宗教界，無論哪個業界或領域都能消弭所有歧視與偏見。每個人都要有自覺，深刻思考才是最重要的。

同志夫夫——良輔與亮介

二〇一五年四月，東京彩虹遊行（Tokyo Rainbow Pride）在東京澀谷的代代木公園舉行，我也在那天接受了亮介的求婚。

東京彩虹遊行是祝福性別多樣性的慶典，二〇一八年參與人次達十五萬人，是日本規模最大的同志活動。

我的公司 Juerias 每年都會派花車參加主要的遊行活動。每台花車會有兩百五十名同志排成隊伍，祝福性別的多樣性，並在澀谷街頭遊行。

二〇一五年的遊行活動由我負責指揮 Juerias 的花車，從準備到撤場都是我一手包辦。

遊行結束後，我回到拆卸花車的停車場。這時有人提議：「我想在花車上拍一張紀念照。」

其實那時已經到了要完全撤場的時間，我焦急地說：「那就快一點，現在沒時間了，我們必須馬上撤場。不拍照的人先在一旁休息。」

我在一旁看著其他人在花車上拍照。我的很多朋友，包括麻美與街坊鄰居都來參加這次遊行。

麻美說：「小七和亮介也來拍你們兩個的紀念照吧！」

「我們不用，沒時間了。」

「好啦，快來拍，這是很好的紀念喔！」

「好，那快點拍吧！」

我和亮介站上裝飾得很華麗的花車車台。

此時亮介將白色的花交給我，開始向我求婚。好像除了我之外，其他人都知道他要求婚。

亮介突然變得很緊張，他小聲地對我說：「我知道我經常給你找麻煩……」圍在華麗花車四周看熱鬧的人紛紛大叫：「聽不見！」「說大聲一點！」

亮介說：「我好緊張。」接著提高音量，繼續對我說，「我愛你，我想永遠跟你在一起，未來還請多多關照。」

在眾多好友的圍觀之下，我收下了鑲著一顆小鑽石的蒂芬妮婚戒。

公證書還有給父親的告白

二〇一五年九月三十日，我和亮介從情侶變成家人，我們自稱夫夫。

我們向江戶川區公所遞出結婚申請書的同一天，也到公證處申請核發《同性伴侶契約公正證書》。所謂公正證書，是公證人在公證處製作核發的官方文件，約定我們夫夫之間應遵守的權利義務，包括貞操義務在內，與男女結婚應遵守的權利義務相同（詳情請上「Juerias LGBT Wedding」網站搜尋）。

當時澀谷區尚未實施同性伴侶條例，我們跑了許多公證處，都被拒絕核發《同性伴侶契約公正證書》。理由要不是「我們並非男性與女性，同性簽訂伴侶契約恐有違反公序良俗之虞」，就是「我們沒聽過有這個證書」，幾乎所有承辦人員都擺出極度不友善的態度，退回我們的申請。好幾次我們被傷得體無完膚，身心俱疲地回家。

我和亮介最後放棄公證契約，由我們自己私下簽訂契約。

幾天後，在因緣巧合之下，我們的律師朋友介紹了一位接受性少數群體的公證人，在我們遞出結婚申請書的當天，也順利核發了公正證書。

話說回來，為什麼我們一定要有這張公正證書？像我們這樣的同性伴侶無論在一起生活幾年，無論有多相愛，在日本社會就是毫無關係的兩個人。很多人常說「兩人相愛最重要」、「也有許多男女不想被一張紙綁住，選擇維持有

5 內緣關係：也稱作「事實婚」，指沒有登記、入籍，但有長期同居等夫妻之實。在日本，內緣關係只需移動住民票，手續簡單；不用改姓（日本結婚須從夫姓），兩人分手也不會留下離婚紀錄，但無法如登記婚有繼承權。在台灣，類似的概念相當於「事實上夫妻」。

夫妻之實但沒有登記的內緣關係[5]」，但我不這麼認為。

既然有愛，為了對方，也為了自己，我們需要「婚姻制度」。我認為尤其在不接受同性之間婚姻申請的這個時代，公正證書顯得更加重要。

如果這個社會是烏托邦，那只要有愛就好，愛是一切。可是目前的社會體制完全不是這麼一回事。過去有多少同性伴侶相知相愛幾十年，卻無法在另一半逝世時陪在身邊，就連告別式也無法出席。在這樣的現況下，還要高舉「兩人相愛最重要」的旗幟，未免也太不負責任了。

此外，若是一對男女申請內緣關係，只要符合幾項簡單條件就能輕鬆過關，可換作同性戀，事情就沒那麼簡單，這是不爭的事實。事實上，我們曾經詢問過是否能像事實婚的家戶變更申請書一般，將我跟亮介在戶籍上的關係改成「夫（未登記）」，對方告知這只適用於可以遞出並受理婚姻申請書的關係。

諸如此類的事情說也說不完，我不想一一抱怨，所以寫到這裡就好。總之，婚姻制度是必要的，若現況無法結婚，一定要與另一半簽訂伴侶契約並取得公證，這一點很重要。如果居住在沒有同性伴侶制度的地方，公正證書絕對是必備要件。

公正證書詳列了我跟亮介彼此在醫療和財務等各方面的處理原則。舉例來說，當我遭遇意外或生病失去意識，無法表達自我意志時，可由亮介幫我決定是否進行手術或延命治療。

關於這一點，我必須和父母商量。原因很簡單，若因為亮介的決定導致我手術失敗，甚至死亡，我的父母很可能會恨他，也可能對他提出告訴。

我向媽媽出櫃時，她曾經要我別告訴她任何與我同性戀生活有關的事情。從那之後，我遵守與媽媽的約定，但我覺得是時候往前踏一步了。我打電話給媽媽，向她說明一切。

媽媽說：「如果你都想清楚了，我尊重你的決定，我會跟你爸爸說的。不過，這麼一來，我們就不能再瞞著你爸爸了。」

掛上電話後，我擔心了好幾天。我在想，爸爸說不定會怪罪媽媽，認為是她的教育方法有問題，才會教出我這個同性戀，最後兩人還大吵一架。

後來我接到媽媽打來的電話，她的聲音聽起來意外冷靜。

「我跟你爸爸說了，我好緊張啊！我自己親身體會過才明白出櫃是什麼感覺。」

「那……爸爸怎麼說？」

「他竟然說『那小子喜歡男人啊？果然是個怪胎，哈哈哈』，還笑得很高興呢！」

「真的？妳沒騙人？」

「真的，我自己也嚇一跳。」

難道爸爸年紀大了，個性也變圓融了？

姑且不論周遭親友的憂慮，看來爸爸沒有因為這件事遭受任何打擊。媽媽花了七年才接受自己的兒子是同性戀，沒想到爸爸竟然一笑置之。我想這並不是因為爸爸不像媽媽那樣愛我，只是因為個性不同，對於事物的接受方式自然也不一樣。

以我認識的同性戀而言，有些人從小就接受自己是同性戀，但有些人很難接受，一直在掙扎，就像拓馬與弘樹。我相信同性戀的父母也是同樣的道理。

爸爸比我想像得開放，接受我是同性戀的事實，於是我趕緊和亮介一起去北海道，將亮介介紹給我的父母認識。亮介從頭到尾都很緊張，我的父母倒是覺得亮介是個認真負責的好青年，放心將我交給他。

一年後，也就是二〇一六年十月十日體育節，我們在歷史悠久的「築地本願寺」舉行婚禮。

築地本願寺（淨土真宗本願寺派）是該宗派中，第一個同意舉行男同志婚禮的寺院。不過，礙於法律上並未承認同性婚姻，因此儀式名稱不是「佛前結婚典禮」，而是採用「同性伴侶佛前奉告儀式」的名義舉行，但儀式內容與男女結婚完全一樣。

我們是夫夫，是男同志伴侶，在具有歷史意義、名門正宗的大寺院舉行婚禮，相信一定會讓許多人感到不舒服。任何組織裡都有「保守派」和「革新派」，想要改變並不容易。凡事都需要時間，但能在築地本願寺舉行婚禮，我真的覺得很幸福。

我身為家中長男，只有一個妹妹，七崎家將結束在我這一代。一想到這點，就覺得愧對祖先，所以我說什麼都要在寺院舉行婚禮。我還來不及向爺爺奶奶出櫃，他們便離開人世了。我在佛前舉辦婚禮，就等於向爺爺奶奶和祖先出櫃，同時也能向他們報告我與亮介結婚了。報告完後，我的心情前所未有地舒暢。

在築地本願寺舉行婚禮時，一般的參拜客也能在一旁觀禮，所以我一直很擔心在典禮進行的過程中，會不會有人向我們丟石頭。幸好大家不僅沒向我們丟石頭，一般參拜客與海外觀光客都衷心祝福我們夫夫（當然也有許多人看到我們新郎、新夫的組合覺得很詫異，感覺也很有趣）。

我們兩邊的家族都參加了婚禮，我十分感謝他們的支持。我媽媽一開始拒絕列席，是我妹妹和妹夫說服了她，將她帶來婚禮。還記得我青春期時擦香水，我的妹妹小靜還唱歌跳舞地嘲諷我「好臭」，說不定她當時就發現我這個哥哥是個同性戀。

我出櫃時，妹妹只對我說：「是喔！那你見過某某某（傳聞是同性戀的藝人）嗎？」那時她才十幾歲，還不到二十。我特別感謝將我父母帶來參加婚禮的妹妹和妹夫。

二〇一五年我和亮介成立了「ＬＧＢＴ社群江戶川」，成員愈來愈多，活動規模也逐年擴大。我們向行政機關和議會遊說提案，針對區民舉辦定期活動。二〇一八年LGBT社群江戶川提出「『同性伴侶』也能入住江戶川區區營住宅的陳情案」，獲得全會一致通過。在平成年號的最後一個四月一日，江戶川區也實施了「同性伴侶制度（俗稱）」。亮介和我成為該制度實施後的第一對同性伴侶，我們的生活總是充實而忙綠。

我曾經憎恨自己是同性戀，也因為單戀吃了不少苦，但我堅持自己相信的道路。繞了一大圈，好不容易才獲得滿滿的幸福。我不是想告訴各位我成功了，而是像我這樣的人也能擁有這麼多！我現在好幸福！這才是我想大聲告訴各位的。

我第一次接觸的同性戀大叔，他給了我幾串燒烤和初體驗，但沒有給我希望。有鑑於此，如果我能給本書讀者一些自信、安心與希望，那將是我最大的榮幸。

我相信有些人會認為自己不可能獲得幸福。

過去的我真心相信生為同性戀是一種懲罰，絕對不可能擁有幸福，我也找不到任何可以邁向幸福的道路。可是，某人的一句話挽救了我的人生。

「你一定要比任何人都幸福才行！」

這是我的好友，同時也是Juerias共同代表野崎映里對我說的話。她對我說這句話的時候，我的第一個直覺是「確實如此」。這句話讓我不顧一切地勇往直前，想獲得滿滿的幸福。

朋友是我的貴人，我的朋友經常用話語鼓勵我，用行動支持我，我才能活到現在。朋友是我珍貴的資產，並不是所有人都擁有如此真心的朋友。

我也想告訴所有閱讀本書的讀者——你一定要比任何人都幸福才行！

無論你陷入多深的泥淖，就算全世界沒人了解你，所有人都與你為敵，你都要支持你自己。在我過去的人生裡，最痛苦的不是沒人理解我，也不是遭受霸凌，而是我討厭我自己。我希望你能明白愈是痛苦的時候愈要相信自己，總有一天一定能獲得幸福，總有一天你一定會覺得「活著真好」。

無論你相不相信自己，你都會走得很辛苦，所以請一定要相信自己。

我還有許多願望，現在我最想要的是「婚姻平等」。這個願望並不奢侈，而是身為一個人理應擁有的權利。

現在有許多律師、團體與個人義務推動「婚姻平等」。敢公開談論ＬＧＢＴ議題的議員也逐漸增加，我們不能置身事外，我希望大家一起思考這個議題。如果你也希望實現婚姻平等，請務必貢獻你的力量，從你能做的事情開始做起。

我一直相信「婚姻制度也平等適用於同性伴侶」的日子不久就能到來，在此之前，我會盡量不跟亮介吵架，幸福快樂地生活。

亮介是個很棒的人，和我在一起有點可惜了，我還經常惹他生氣。他最氣我和朋友出去喝酒，喝到來不及搭最後一班電車回家。我知道他是因為擔心我才生氣，但他生起氣來真的很恐怖。他如果太生氣又會惹得我不開心，每當我們的關係變得很緊張，我們就會去當初舉辦婚禮的築地本願寺。充滿異國風情的建築物外觀十分美麗，走入寺院境內，就會看到閃耀著金色光輝的本堂。每次只要去築地本願寺，就會想起我們的婚禮，我們又能以嶄新的心情度過舒心的夫夫生活。未來我們可能還會吵架百次、千次，到時候又要拜託築地本願寺照拂我們了。

後記

我最近邁入三十一歲了。撰寫本書的初衷，便是想在我記憶猶新的時候記錄自己的過去。

開始寫書後，我才了解原來我一路都在成長，連我自己也很驚訝。回想起在一切都很混亂的小學時期，大人們老是要我和男孩子做朋友，讓我覺得很討厭。我最討厭的就是那個對我說「你在裝可愛所以才像人妖」、「照這樣下去長大成人，可就糟糕了喔！」這些話的福士老師，但在書寫的過程中，我的情緒反而抒發了，變得想見見他。如果我現在見到福士老師，一定會對他說：「託你的福，讓我成為這麼棒的大人！」

小時候過聖誕節我無法向父母請求，於是私下許願請聖誕老公公送我月光仙子魔法棒，沒想到在三十歲時收到了，那是麻美送我的生日禮物。麻美將她小時候玩的魔法棒送給我，雖然電池蓋都不見了，但我拿在手上還是一樣高興。遲了二十四年，聖誕老公公透過朋友，將禮物送給了我。相信就能實現願望，月光仙子的魔法棒充分體現了這一點，如今我把它放在我家的藏寶盒裡。

我的初戀發生在國中時期。阿司現在也住在東京，不過我們很難得見面。我向阿司坦承，以前曾經喜歡過他。告訴他的時候，他顯得有些驚訝，對我說：「抱歉，我從來沒發現。」能喜歡上如此善良的他，可見我的眼光有多好。阿司從北海道大學畢業後扶搖直上，目前單身，徵求絕世好女友。

還有從高中就獨占我芳心超過四年的長谷，能讓我如此不求回報，無論自己多苦也一定要愛的人，相信在我的人生裡只有長谷一人。不過，儘管我過去那麼愛他，如今回想起來，卻不知他哪裡好。我想愛情就是這麼一回事吧！寫這本書讓我想到，長谷對於戀愛的感覺跟別人略有不同。他每天打電話給女友說「我愛妳」，真是可愛又可笑。當時的我卻很羨慕，也很嫉妒長谷的女朋友小堀，因為她每天都能聽到長谷說我愛妳。如果有時光機，可以去見過去的自己，我想對自己說：「放棄長谷吧。」不過以當時我的狀況來說，可能誰說的話我都聽不進去吧。

長谷幾年前和小堀結婚，生了一個女兒，我不知道他們是否還在一起，或是已經離婚。暗戀長谷的時候，我的喜怒哀樂全都被他牽引著，如今我已經能從旁觀者的角度冷靜看待，當時的他也有辛苦的地方。

四年的單戀說長不長，說短不短。如果我能活八十歲，我單戀長谷的時間不過占我的人生中百分之五的比例。話說回來，青春期的戀愛總是特別的，無論是受苦、痛哭或開心的事情，都令人永生難忘，並成為特別的回憶在我心中閃閃發光。

相信大多數成年人多少都有這樣的戀愛經驗，但大人總是容易忘記自己曾經年輕，也曾是乳臭未乾的小孩或青春期的叛逆少年。寫這本書的時候，我也化身為當時的自己，走過所有的痛苦歷程。我再次體會到當時的椎心之痛，也認為過去走過的路對我來說是很棒的人生經驗。

現在我回到北海道省親，都會找高中同學見面。每次要回北海道，高中時期的情敵小愛都是第一個知道消息的人。她會聯絡其他同學，幫我訂好所有人的聚會時間。

我和亮介結婚時，小愛也特地從北海道到東京來參加婚禮，還幫我坐鎮收禮台，處理相關事宜。我跟小愛說我要寫這本書，也會寫到她，她對我說：

「小七一定會公報私仇，把我寫成大醜女吧，期待你的新書出版！」

在我偷偷暗戀長谷，而小愛公開宣示喜歡長谷時，我確實認為「這個大醜女是哪位啊？我絕對不會輸給妳！」但小愛並不醜，她是我十分珍惜的摯友之一。大家常說「昨天的敵人是今天的朋友」，看來真是如此。

老是考不及格，和我一起補考的阿翔，也是我回鄉時一定會見面的老同學之一。他接受了我的性取向才有今天的我，他對我的好我已在第四章〈不能向他出櫃的人〉詳述，我真的很感謝他。

每次回北海道省親，和高中同學見面時，我都會有些緊張。平時無憂無慮的我，竟然會連穿什麼衣服都可以煩惱。我不想穿太高貴的衣服（雖然這種衣服的數量很少），讓同學以為我沾染了東京的氣息，惹人厭惡。此外，久未見面，也不知道要跟同學們聊什麼，所以每次見面前我都做足了心理建設。不過，一見到阿翔、小愛，以及其他高中同學，所有的擔心與憂慮全都一掃而空，自然而然地和老友們敘舊，開懷大笑。故鄉的老友真的是我不可多得的寶藏。

高中畢業後，我和高中三年每天一起上學的小杏都沒機會見面。她現在住在北海道中部一帶。我的老家在札幌，相隔有一段距離，真的很難見到。前陣子我們曾通過電話，我問她還記不記得掉進雪堆裡的事情，她大笑地說：「當然記得啊！」小杏偶爾也會回想起高中時代，一臉懷念地說：「那個時候還真快樂啊！」如今她已是一位溺愛女兒的媽媽，一邊養育小孩，一邊工作，還進修學習護理相關課程，和高中一樣過著活力十足的日子。

我從北海道到東京念書，住過一年男生宿舍，那時和我發生過關係的男同學，現在不知道在哪裡做些什麼。話說回來，我連他們的名字都想不起來。希望各位不要誤會，同性戀不是隨時隨地都能和人發生關係。或許是因為年輕時的我一直在壓抑自己的慾望，一有機會就爆發出來了，但不是每個同性戀都如此。情慾強弱跟性取向無關，而是因人而異，即使是性慾強的人，也不一定會跟我一樣。請各位不要責備年輕時的我所犯的錯誤，你要責罵也可以，但請不要忘記我會施魔咒喔！

我與男性的初體驗讓當時的我備受衝擊，而且整個過程還被錄了下來。我並不在意過去發生的事，無論第一次發生關係的對象是什麼樣的人我也不後悔，但我忍不住想，如果我第一次發生關係的對象是自己喜歡的人，我的人生或許就不一樣了。

雖然我不知道奪走我童貞的那位大叔是否如此，但我想告訴年輕的同性戀者，這個世界上存在著一群大叔，他們專門獵捕年輕的同性戀男孩（剛踏入同性戀世界，對同性戀一無所知的孩子）。可能我管太多，你也可以當我是雞婆，但千萬不要做出輕賤自己的事情。

話說回來，這種話我也是現在才會說。我很確信當時的我絕對不會拒絕那位大叔的邀請，不拒絕的理由並非害怕他，或覺得對方很可憐，純粹因為我的好奇心很強，想知道接下來會發生什麼事。

我不能強迫年輕人做到自己做不到的事情，各位可以忘記我剛剛多管閒事的建言。我只希望我的小錯誤能成為各位的借鏡，這是我最開心的事。聰明的人從歷史中學習，愚蠢的人只能從經驗中學習。請各位多多參考我的經驗，趨吉避凶。

對了，我的初體驗大叔，如果你在看這本書，請將我的影片刪掉。請不要將影片外流出去，成為低俗網站的內容。就算當時的影片流了出去，我也會堅決否認到底的。

我到東京第一個喜歡上的男人阿達，他也有來參加我和亮介婚禮的迎賓派對。阿達與我之前喜歡的阿司、長谷不太一樣，最大的差異在於，阿司和長谷只當我是好哥兒們，但阿達卻會和我手牽手，任我撒嬌。我當時很喜歡阿達，他的行為讓我充滿期待，我相信他並不是因為想和我在一起才如此對待我，他只是對誰都這麼好而已。這對當時的我來說，是不可饒恕的事情；但從阿達的立場來看，他並不知道我喜歡他，結果他一跟百合交往，我就不理他，甚至說出許多話攻擊他，搞不清楚我為什麼生氣。他們交往不到一年，我就跟阿達表明自己喜歡他，也告訴他我不喜歡他和百合交往。阿達對我說：「要是我沒和百合交往就好了，和她交往都沒好事發生！」他這句話又惹惱了我。雖然我們現在沒什麼聯絡，但從他偶爾變更的 LINE 大頭照來看，阿達似乎過得不錯。

還有麻美，我當初和麻美見面，順著氣氛坦承我喜歡男人，那是我第一次出櫃。我在寫這本書的時候，很開心我第一次出櫃的對象是她。

那個時候麻美對我說：「你受苦了。」這句話打開了我封閉的心。心敞開後，過去我從未察覺到的痛苦、不甘心與悲傷一湧而出，和淚水一起流下來。

時過境遷，麻美向我回憶起當時的狀況。

「我很震驚，沒想到小七竟然是同性戀，不過更讓我震驚的是你對我說的話。當時我才剛被男朋友甩，你卻對我說：『麻美，妳根本一點也不可憐，是妳不夠努力！我比妳坎坷多了，妳真是身在福中不知福！我們的差別在於妳是女人，只有努力過的人才能討拍，妳現在根本沒時間討拍！』你當時的氣勢真的很強，指著我罵呢！我真的嚇死了。」

麻美說得沒錯，她和小石交往的時間雖然不長，但她至少交過男友，我什麼也沒有，才會覺得她身在福中不知福。原本是想鼓勵剛被男友甩的麻美，沒想到竟然變成我的出櫃大會，還順勢罵了她一頓，說她努力不足，沒資格討拍。老實說，這件事真令我懷疑我還有沒有人性？

對我來說，向媽媽出櫃需要極大的勇氣。當時我認為那次的出櫃失敗了，但現在回頭想想，還好那個時候向媽媽出櫃了。我向媽媽出櫃後，她一直很自責，且長達七年的時間。後來我才知道，媽媽有一次參加同事聚會，其中一個人說：「聽說某某藝人是同性戀。」引起一陣譁然，甚至還有人回：「真的嗎！真是噁心。」讓媽媽感到很心痛。

媽媽告訴我這件事時，我跟她說：「媽從沒跟任何人說過我的事情，大家不是有心做出那樣的反應，而且當有人在說相關話題，妳其實可以明說，告訴他們妳兒子就是同性戀，大家就會閉嘴了。」

我覺得我說的話反而有點像在責怪媽媽，其實我只是不希望媽媽受傷，我希望她說出來，不要獨自煩惱。當我向媽媽報告我和亮介拿到同性伴侶契約公正證書，她似乎也放棄掙扎了。她和亮介見面時，終於接受了兒子是同性戀，也對於我目前的狀態感到安心。

媽媽現在已經將亮介視為自己的家人，相處融洽。二〇一七年六月，札幌實施同性伴侶制度時，媽媽還開心地打電話給我。

「我們札幌也有專為像你們這樣的族群實施的制度了！代表日本社會也能慢慢接受你們了，你們要繼續努力喔！你也要好好珍惜亮介。」

掛上電話的我很訝異。媽媽過去一直說「我不想認同你是同性戀的事實」、「我不想知道你的事」，但是當札幌實施同性伴侶制度，她卻很開心。人不管到幾歲都能改變，同性伴侶制度不止能為ＬＧＢＴ族群帶來幸福，也對周遭的人有益。那時候我深深慶幸自己是媽媽的小孩。

本書第一個出現的男朋友拓馬其實不是我的第一任男友，但他對我來說，就像是跟遲來的青春期共同奮戰的戰友。雖然拓馬跟我說他想當直男，想和女人結婚所以離開我，但他現在有一個比他年輕的男朋友。我和拓馬分手後，這麼多年來都沒見過面，前年剛好有機會碰面，他還帶來我們以前寫的交換日記。在亮介的同意下，交換日記現在由我保管。我在寫書的時候，交換日記幫了我不少忙，像是我們互相為對方的小弟弟取名這件事，就是從交換日記中看來的。雖然我們經歷了風風雨雨，但拓馬現在很幸福，我覺得很開心。

和拓馬分手後，我一直對他念念不忘，直到遇上雄太的炙烈熱吻才又重新往前走。儘管雄太與我還沒正式交往就結束了，但回顧我的人生，他或許是為了讓我重新振作，老天特別安排的男人。雖然不知是神還是佛給了我這個機會認識他，我真的很感謝老天在那段時期的安排。

還有交往原因是與雄太一樣高的涼太，我真的對他感到很抱歉。涼太的室友，亦即弘樹的前男友孝一，還在我和亮介的婚禮上跳舞，表演餘興節目。他們是我一輩子最重要的朋友。我們之間發生了這麼多事，他們還願意與我當朋友，我衷心感謝。

直到現在，弘樹偶爾還會和我聯絡。他似乎對於我們同居後期的事情完全沒有記憶，如今仍須倚賴安眠藥入眠，但已經可以精神奕奕地出門工作了。弘樹不斷對我說很抱歉當時造成我不少困擾，其實我也沒讓他好過。與其道歉，我比較希望他早日找到更好的人交往，不過這只是我個人的願望，他自己倒是無意再走進關係之中。

我國中時交往的女友小櫻，現在改名為賢治，寄了一段影片給我。他的變性手術已順利完成，我並未特地問他，他的公司是否接受他女變男，或是工作上是否有什麼變動，但我很開心他可以擁有真正性別的身體。他就像天使一樣耀眼，我以賢治為榮。

我跟自己的先生亮介是在很特別的機緣下相遇的，光是我和他的相遇故事就能再寫一本書。如果有許多讀者想看我們的故事，我想我會再寫一本。

在過去的人生裡，我遇到許多人扶我一把，向我伸出雙手。家人、朋友、前男友們、亮介，我一定要向各位表達感謝之意，謝謝你們，今後還請多多關照！

還有一件事，本書在許多情節上寫得很直接，性事也是。關於這一點，我相信許多人都會有自己的看法，包括「同性戀的男朋友一個接著一個換，毫無節操」、「這種行為太不健全了」、「身為同性戀，我覺得很羞恥」等。

我之所以這麼做，是因為我毫不隱瞞自己的男性關係。雖然書中有些人使用假名，但我不想隱瞞是有原因的。

當我發現自己是同性戀的時候，我完全看不見自己的未來，因為同性戀可以活下去的道路實在太狹隘了。我不知該如何走出自己的人生，也不知該成為什麼樣的大人。「若是照這樣下去長大成人可就糟糕了」——這個想法成了我的緊箍咒，讓我過得很辛苦。每個同性戀的生存之道都不同，不僅長相不同，個性也不同。所謂一樣米養百樣人，有多少人就有多少生活方式。我存在於這個世界上的歷程不過是滄海一粟，我不想美化粉飾，以場面話敷衍過去。

我剛發現自己是同性戀的時候，讀了不少內容積極正面的書籍，作者都要我們「做自己就好」，但看了這樣的書並未讓我敞開心扉。或許是我的個性乖僻執拗，冠冕堂皇的安慰話語無法打動我，那些活生生、血淋淋的真心話才是我想要的。

我真心想將這本書送給過去的自己。

如果當時我就拿到這本書，就算目標是一樣的，也一定能走出不同的人生。

本書的部分內容曾在網路媒體「文春 online」上連載，受到熱烈迴響，才有機會出版成書。在文春 online 連載期間，我收到許多讀者來信。

有位媽媽的小孩是 MtF（出生時戶籍登記的性別是男性，但性別認同是女性），她是在自己的手機上閱讀我的連載文章。她的小孩當時就讀小學三年級，使用俗名（女孩的名字），穿女孩的衣服上學。

有一天，她的小孩為了玩寶可夢的電玩遊戲，擅自開啟媽媽的手機，於是看到了我的連載文章。她的小孩將手機還給媽媽，說了一句：「其實我也被同學叫『人妖』，還被霸凌……」

那位媽媽立刻跑去找導師反應，沒想到導師竟然說：「身體是男性，心理是女性，孩子們無法理解這是怎麼一回事。」

媽媽寫信給我，告訴我多虧有我的文章，她才發現自己的小孩遭到霸凌，但其實我心裡有些失望。我被戲稱「人妖」、遭到霸凌已經是二十年前的事情，至今竟還有跟我一樣受傷的孩子，真是個令人悲傷的事實。不僅如此，說出「孩子們無法理解」這種話的導師同樣令人失望。我不要求老師從生物學或醫學角度向小學生解釋這是怎麼一回事，但只要一句「這個世界有各種不同的人是很棒的事情」，小學三年級的學生就能充分理解與接受。

聽說那個小孩還跟媽媽說「要是我死了，媽媽也會去死嗎？」、「如果我死了，請媽媽一定要放粉紅色的花在我身邊」。不止當事者痛苦，自己的小孩說出這樣的話，可以想見父母的心有多痛。

幸好這位媽媽十分堅強，她對我說：「罵別人是人妖這種霸凌別人的行為，就讓它在我們這一代結束吧！我們要盡一切努力終結這一切。」她不只為自己的小孩著想，連這個社會的未來樣貌也一併考慮進去，真是一位值得依靠的母親。孩子的世界是大人世界的反照，最重要的是，要讓更多大人正確理解性別多樣性。

最後，我要衷心感謝我的先生亮介。謝謝你一直支持我，今後也請你多多關照了。

出版本書的時候，我深受由文藝春秋瀨尾泰信先生率領的團隊的許多協助。他們都是十分成熟的大人，不僅充分理解我的心情，也對我坦然不諱的文字表現感到戰戰兢兢。能遇到如此珍貴的工作夥伴，我真的很幸福，也合作得相當愉快。謝謝你們！

二〇一九年四月　七崎良輔

＊本書是以文春 online 從二〇一九年二月十四日起連載的文章為基礎，加以改寫而成。

國家圖書館出版品預行編目資料

在我遇到老公之前 / 七崎良輔著；游韻馨譯. -- 初版.
-- 臺北市：春光, 城邦文化出版：家庭傳媒城邦分公司發行, 民109.07
冊； 公分
譯自：僕が夫に出会うまで
ISBN 978-986-5543-00-6（平裝）

1.七崎良輔 2.同性戀 3.自傳 4.日本

783.18 109008477

在我遇到老公之前

原著書名／僕が夫に出会うまで
作　　者／七崎良輔
企畫選書人／何寧
責任編輯／何寧

版權行政暨數位業務專員／陳玉鈴
資深版權專員／許儀盈
行銷企畫／陳姿億
行銷業務經理／李振東
副總編輯／王雪莉
發行人／何飛鵬
法律顧問／元禾法律事務所　王子文律師
出　　版／春光出版
台北市 104 中山區民生東路二段 141 號 8 樓
電話：(02) 2500-7008　傳真：(02) 2502-7676
部落格：http://stareast.pixnet.net/blog　E-mail：stareast_service@cite.com.tw
發　　行／英屬蓋曼群島商家庭傳媒股份有限公司城邦分公司
台北市中山區民生東路二段 141 號11 樓
書虫客服服務專線：(02) 2500-7718 / (02) 2500-7719
24小時傳真服務：(02) 2500-1990 / (02) 2500-1991
服務時間：週一至週五上午9:30～12:00，下午13:30～17:00
郵撥帳號：19863813　戶名：書虫股份有限公司
讀者服務信箱E-mail: service@readingclub.com.tw
歡迎光臨城邦讀書花園 網址：www.cite.com.tw
香港發行所／城邦（香港）出版集團有限公司
香港灣仔駱克道 193 號東超商業中心 1 樓
電話：(852) 2508-6231　傳真：(852) 2578-9337
E-mail : hkcite@biznetvigator.com
馬新發行所／城邦（馬新）出版集團　Cite(M)Sdn. Bhd
41, Jalan Radin Anum, Bandar Baru Sri Petaling,
57000 Kuala Lumpur, Malaysia.
Tel: (603) 90578822　Fax:(603) 90576622　E-mail:cite@cite.com.my

封面設計／蕭旭芳
內頁排版／極翔企業有限公司
印　　刷／高典印刷有限公司

■ 2020 年 (民 109) 7 月 30 日初版一刷　Printed in Taiwan

售價／399元

城邦讀書花園
www.cite.com.tw

ISBN 978-986-5543-00-6

104台北市民生東路二段141號11樓
英屬蓋曼群島商家庭傳媒股份有限公司
城邦分公司

請沿虛線對折，謝謝！

愛情．生活．心靈
閱讀春光，生命從此神采飛揚

春光出版

書號： OK0132　　**書名**：在我遇到老公之前

請於此處用膠水黏貼

讀者回函卡

謝謝您購買我們出版的書籍！請費心填寫此回函卡，我們將不定期寄上城邦集團最新的出版訊息。

姓名：＿＿＿＿＿＿＿＿＿＿＿＿＿＿＿＿＿＿

性別：☐男　☐女

生日：西元＿＿＿＿＿＿年＿＿＿＿＿＿＿月＿＿＿＿＿＿＿日

地址：＿＿＿＿＿＿＿＿＿＿＿＿＿＿＿＿＿＿＿＿＿＿＿＿＿＿＿＿

聯絡電話：＿＿＿＿＿＿＿＿＿＿＿＿ 傳真：＿＿＿＿＿＿＿＿＿＿＿＿

E-mail：＿＿＿＿＿＿＿＿＿＿＿＿＿＿＿＿＿＿＿＿＿＿＿＿＿＿＿＿

職業：☐ 1. 學生 ☐ 2. 軍公教 ☐ 3. 服務 ☐ 4. 金融 ☐ 5. 製造 ☐ 6. 資訊
☐ 7. 傳播 ☐ 8. 自由業 ☐ 9. 農漁牧 ☐ 10. 家管 ☐ 11. 退休
☐ 12. 其他＿＿＿＿＿＿＿＿＿＿＿＿＿＿＿＿＿＿＿＿＿＿＿＿

您從何種方式得知本書消息？

☐ 1. 書店 ☐ 2. 網路 ☐ 3. 報紙 ☐ 4. 雜誌 ☐ 5. 廣播 ☐ 6. 電視
☐ 7. 親友推薦 ☐ 8. 其他＿＿＿＿＿＿＿＿＿＿＿＿＿＿＿＿＿＿

您通常以何種方式購書？

☐ 1. 書店 ☐ 2. 網路 ☐ 3. 傳真訂購 ☐ 4. 郵局畫撥 ☐ 5. 其他＿＿＿＿

您喜歡閱讀哪些類別的書籍？

☐ 1. 財經商業 ☐ 2. 自然科學 ☐ 3. 歷史 ☐ 4. 法律 ☐ 5. 文學
☐ 6. 休閒旅遊 ☐ 7. 小說 ☐ 8. 人物傳記 ☐ 9. 生活、勵志
☐ 10. 其他＿＿＿＿＿＿＿＿＿＿＿＿＿＿＿＿＿＿＿＿＿＿＿＿＿

為提供訂購、行銷、客戶管理或其他合於營業登記項目或章程所定業務之目的，英屬蓋曼群島商家庭傳媒（股）公司城邦分公司，於本集團之營運期間及地區內，將以電郵、傳真、電話、簡訊、郵寄或其他公告方式利用您提供之資料（資料類別：C001、C002、C003、C011等）。利用對象除本集團外，亦可能包括相關服務的協力機構。如您有依個資法第三條或其他需服務之處，得致電本公司客服中心電話 (02)25007718請求協助。相關資料如為非必要項目，不提供亦不影響您的權益。

1. C001辨識個人者：如消費者之姓名、地址、電話、電子郵件等資訊。
2. C002辨識財務者：如信用卡或轉帳帳戶資訊。
3. C003政府資料中之辨識者：如身分證字號或護照號碼（外國人）。
4. C011個人描述：如性別、國籍、出生年月日。

請於此處用膠水黏貼

0歲的我，
攝於奶奶家。

1987 年出生於北海道。我一直到幼兒園畢業前都長得白白胖胖的，從來不麻煩父母，也不任性胡鬧，喜歡收集漂亮的小石頭。

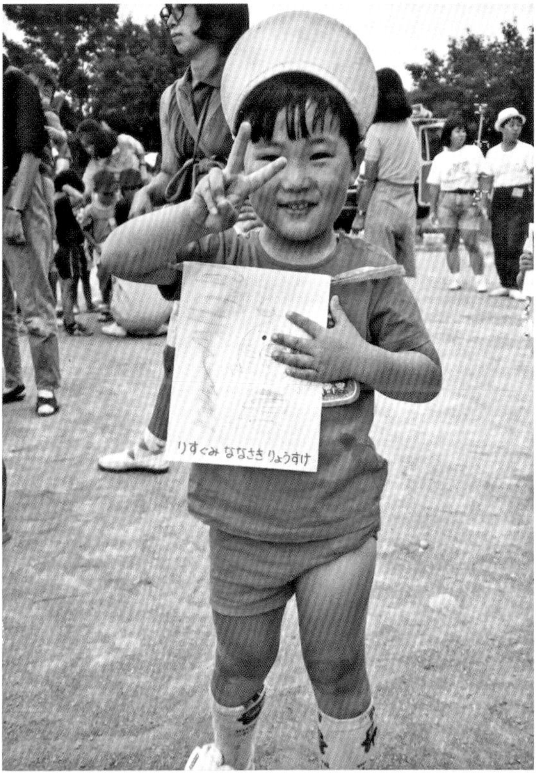

我以前就讀松鼠班。
這裡是仲良幼兒園!!
這個時期胖嘟嘟的。

跳中元節舞蹈！
這個時期的集合住宅
有許多小孩。

無論是小時候或現在，我都不講究自己穿什麼衣服，父母買什麼就穿什麼。每天在外面玩，最喜歡到住家前面的公園爬立體格子鐵架，然後坐在上面眺望四周。

全家人經常開車
一起去露營。

上小學後，同學師長發現我的行為舉止有點女性化，我才發現自己的行為從世俗眼光來看是「奇怪的」。曾經試圖改變自己的走路姿勢等外在行為，但想要矯正無意識之間做出的行為真的很難。

小學入學典禮
我穿著白色褲襪……

這是就讀小學高年級的時候。腳踩單輪車，手中拿著放在集合住宅入口處的雪鏟。只要幫忙鏟雪，住在集合住宅的爺爺奶奶就會給我零用錢。

在集合住宅前的公園。
我很會騎單輪車！

與美女津田妹合影！

我沒有國中時期的照片，當時的回憶都很糟，所以把照片全丟了。雖然高中過得很快樂，卻讓我對大人產生了不信任感。拍照時總是擺出和平手勢，或許是為了掩飾我真實的心情。

和同班死黨阿翔合照！

高中時故意把自己弄得壞壞的，想讓自己喜歡的同學認為我是個有趣的人。下方是專門學校時代的照片。無論是當時或現在，麻美（左）與映里（右）都是我可以掏心掏肺的珍貴摯友。

Ryousuke Ryousuke

良輔與亮介

2016 年 10 月 10 日，我跟亮介在東京築地本願寺舉行婚禮（同性伴侶佛前奉告儀式）。我們穿上相同設計的羽織袴，在本堂佛前交換戒指。親友與雙方家人衷心祝福我們未來的旅程，這是最令我們開心的事情。

婚後兩年半。亮介個性認真，我的個性大剌剌，性格截然不同。雖然有時會吵架，但我們依舊和樂融融地一起生活到現在。亮介喜歡拍照，他在百忙之中抽空拍攝了本書刊載的作者照片。

拍得好嗎？